HAYMON verlag

Astrid Kofler/Hans Karl Peterlini

Bauernleben in Südtirol

12 Porträts

Herausgegeben im Auftrag der Seniorenvereinigung
im Südtiroler Bauernbund.

Gedruckt mit freundlicher Unterstützung der
Südtiroler Landesregierung, Abteilung Deutsche Kultur,
des Regionalratsvizepräsidenten Seppl Lamprecht
sowie von Raiffeisen.

Auflage:
6   5   4
2013 2012 2011

© 2010
HAYMON verlag
Innsbruck-Wien
www.haymonverlag.at

Alle Rechte vorbehalten. Kein Teil des Werkes darf in
irgendeiner Form (Druck, Fotokopie, Mikrofilm oder in einem
anderen Verfahren) ohne schriftliche Genehmigung des Verlages
reproduziert oder unter Verwendung elektronischer Systeme
verarbeitet, vervielfältigt oder verbreitet werden.

ISBN 978-3-85218-639-9

Umschlag und Buchgestaltung:
Kurt Höretzeder, Büro für Grafische Gestaltung, Scheffau/Tirol
Mitarbeit: Ines Graus
Coverfoto: Archiv Michael Malfertheiner und Hilda Schgaguler
Fotos: Alle aktuellen Porträtfotos zu Beginn der Kapitel stammen von
Astrid Kofler und Hans Karl Peterlini. Alle historischen Fotos stammen
aus den Privatarchiven der porträtierten Personen, mit Ausnahme von:
S. 78 unten: Cooperativa dei Contadini Basso Sarca: „1911–1991. 80 anni
di cooperazione" (1991)
S. 160 unten: Chronistenverein Algund
S. 168, 173 und 176: Uniun di Ladins: „Lacan tla Val Badia" (1983)

Gedruckt auf umweltfreundlichem,
chlor- und säurefrei gebleichtem Papier.

Vorwort

„Was nicht niedergeschrieben ist, wird vergessen. Jedes Mal, wenn ein Mensch stirbt, stirbt seine Geschichte mit ihm." Aus diesen Gedanken entstand die Idee, ein Buch mit Lebensgeschichten von Altbäuerinnen und Altbauern in Auftrag zu geben. Die Erinnerung an die eigene Lebensgeschichte ist ein Beitrag an das Gemeinwesen, den gerade ältere Menschen leisten können. Mit diesem Buch will die Seniorenvereinigung im Südtiroler Bauernbund genau das tun.

Die Geschichten, die hier erzählt werden, würden mit den Menschen verloren gehen, hätte man sie nicht schriftlich festgehalten. Die einzelnen Porträts geben einen Einblick in das Alltagsleben der bäuerlichen Familien, über das Zusammenleben am Hof, den Umgang der Menschen miteinander, die Bedeutung von Religion, Brauchtum und Politik und über die Arbeitsabläufe am Hof – aber auch darüber, was man gegessen und getrunken, wie man gekocht hat und wie man mit dem Vieh umgegangen ist. All diese schriftlich festgehaltenen Erinnerungen tragen dazu bei, historisches Wissen für die künftigen Generationen zu bewahren.

Dieses Buch spiegelt aber nicht nur die Lebensgeschichten und Schicksale einzelner Menschen wider, es gibt gleichzeitig auch einen Einblick in die Geschichte eines ganzen Landes.

Die ältere Generation wird sich in den Erzählungen wiederfinden. Die jüngere Generation wird erfahren, wie es war, in einer viel schwierigeren Zeit aufzuwachsen, in der Armut auf der Tagesordnung stand – und in der man trotzdem glücklich und zufrieden leben konnte.

Johann Messner
Landespräsident der Seniorenvereinigung
im Südtiroler Bauernbund

Vorwort

Liebe Leserin,
Lieber Leser!

Ich freue mich sehr, dass auch Sie zu diesem schönen Buch gegriffen haben. Sicherlich wird es Ihnen genauso wie mir gefallen, denn es ist ein besonderes Werk. Mich persönlich haben diese Erzählungen ganz stark an die Geschichten meiner geliebten Großmutter erinnert. Anhand der Lebensgeschichten kamen Kindheitserinnerungen auf. Und ich wurde daran erinnert, dass ich viel von der Zeit mit meiner Großmutter mitnehmen konnte. So manches wurde mir in Erinnerung gerufen, was heute wieder neue Gültigkeit hat: die Bodenständigkeit der Menschen, die Fürsorglichkeit, der Gemeinschaftssinn. Ich möchte den Autoren und Promotern dieses Werkes ausdrücklich dafür danken, dass sie die tiefen Weisheiten, die in diesen Erzählungen ruhen, auch für die kommenden Generationen festhalten und greifbar machen.

Die Generation meiner Großeltern war wirklich von einem besonderen Schlag: Sie haben dieses Land aufgebaut, gestärkt durch feste Werte wie Glauben, Fleiß und Solidarität. Ich glaube, dass diese Lebensgeschichten, die bewusst auch die Einfachheit der Menschen widerspiegeln, ein entscheidend wichtiges Dokument sind, um die Geschichte unserer Region im vergangenen Jahrhundert tiefgründig verstehen zu können.

Die Geschichten erzählen vom Mut dieser Menschen, immer wieder weiterzumachen. Und sie lassen uns auch an den „einfachen Dingen" der Welt von damals teilhaben: Was die Menschen gekocht und gegessen haben, wie das Brot gebacken wurde oder wie das Brautwerben geschah. Damit wird die Historie, abseits der großen Schauplätze der damaligen Politik, erst richtig greifbar gemacht.

In der Welt von heute wird hingegen alles immer schneller. So schnell, dass jede Nachricht, jede Erzählung schon in jenem Moment veraltet erscheinen, in dem sie veröffentlicht werden. Damit büßt folglich das Ereignis „Leben" an Wertigkeit ein und es wird für den Menschen immer schwieriger, sich an Fixpunkten zu orientieren. Umso wertvoller sind die Lebensgeschichten jener Generationen, die dieses Buch beschreibt. Sie geben uns Halt, indem sie aufzeigen, wie Leben funktionieren kann. Dass auch schwierigere Zeiten fröhliches Leben zulassen können.

Ich persönlich fühlte mich beim Lesen der Geschichten beruhigt, als legten die Geschichten Wurzeln frei, an die meine eigene Lebensgeschichte anknüpft. Das „Bäuerliche" wird besonders anschaulich erzählt und umfasst unsere gesamte Alpenregion. Dabei fällt auf, dass über alle sprachlichen, kulturellen und politischen Grenzen hinweg die Lebensgeschichten von einem gemeinsamen bestimmenden Faktor geprägt sind: dem alpinen Raum und seinen Einflüssen auf alle Bereiche des Lebens dieser Menschen.

Und noch etwas fällt auf, dass sich damals alles nach dem Zeitmaßstab der Jahreszeiten gerichtet hat, richten musste. Wir, die wir unsere Uhr nach Megabitmaßstäben stellen, können uns gar nicht mehr vorstellen, dass es noch eine Zeit gibt, die nicht auf irgendeine Weise „turbo" sein muss. Ich wünsche auch Ihnen, dass Ihnen dieses Buch durch seine Erzählungen einige „entschleunigte" Momente schenkt. In der Hoffnung, dass Ihnen die Lektüre dieser Lebensgeschichten genauso viel Freude bereitet wie mir und wir gemeinsam die Geschichten unserer Ahnen unseren Nachfahren überbringen können,

grüßt herzlich

Seppl Lamprecht
Vizepräsident des Regionalrates
von Trentino-Südtirol

Das Klima war meist rau

Randnotizen zu hundert Jahren Bauernleben –
von Astrid Kofler und Hans Karl Peterlini

Das Klima war meist rau. Es waren nicht die Wolkenfetzen, die der Wind von einem Gipfel zum anderen trieb und der die Holzbretter vom Stadel schlug, es war nicht der Regen, der die fruchtbare Erde ins Tal schwemmte und das geschnittene Heu nicht trocknen ließ, es waren nicht nur die steilen Wiesen und der Blitz, der manche Kuh erschlug. Viel Arbeit gab es, große Familien und kaum ein Auskommen.

Bauer sein, das Bauernleben, die Bauernwelt ist mit verklärten Vorstellungen verbunden, ein Leben in Einfachheit und Liebe zum „Hoamat", das Hof und Heimat in einem war, ein Leben in Werten und Verpflichtungen, Gott gegenüber, der Natur gegenüber und dem eigenen Überleben. In den zwölf Porträts, die aus Interviews gestaltet wurden, weicht die mythische Verklärung der Echtheit, aber auch Rauheit des Lebens.

Man wurde geschlagen, man hat gerauft, man hat sich nicht mehr gegrüßt, man hat sich an Versprechungen festgehalten, man wurde enttäuscht.

Das hat stark gemacht, das lässt vieles im Nachhinein als heil ansehen, als heile Welt, immerhin besser als heute, trotz der Not. Vom Alter sanft geworden, sagen das mehr als nur eine Bäuerin und ein Bauer. Wenn sie denn reden und nicht abgehärmt sind und stumm, stumm, weil sie anderes kaum gewohnt waren. Das Sprechen über sich selbst haben viele nicht gelernt, und was man in der Kindheit nicht lernte, das machte einen hart auch gegen sich selbst.

Die Bauernwelt war auch eine Welt der Abgeschiedenheit, oft räumlich, weil die Höfe weit auseinander lagen, oft zwischenmenschlich, weil das Überleben und auch manch ehernes Gesetz des Zusammenlebens wenig Spielraum und Austausch ermöglichten. Verständigt haben sich die Menschen im Tun, in den Handgriffen, wer wo zu ziehen und wer wo dagegenzuhalten hatte; mit Nähe in Worten und Gesten tat man sich schwerer. Besser verständigt hat man sich oft mit dem Vieh.

Bauer sein hieß Verzicht, hieß für die Eltern, die Kinder mit einem guten Gedanken auf den Weg zu schicken und abends kaum die Zeit zu haben, nach der Schule zu fragen, nach dem Tag, nach überhaupt irgendetwas, wenn sie in den Alltagsgewändern ins Bett schlüpften.

Es hieß auch, sich zu behaupten, im Dorf, in der Gemeinschaft: Ein erworbenes Ross, mit dem man sich fotografieren ließ, bedeutete Anerkennung, eine Abstammung von Pechstechern, den Lörgetern, dagegen Sticheleien gegen die Kinder, dass man sie nicht anrühren dürfe, sonst bleibe man kleben. Das Harz der Lärchen, das Lörget, war als „Pech" Symbol für Unglück aber auch für soziale Unterschiede, denn wer vom Hof leben konnte, hatte es nicht nötig, sich die Hände damit schmutzig zu machen. Auch wurden durch das Anbohren der Stämme Waldschäden befürchtet. Und doch war das „Lörget" etwas, was die Natur hergab und Kleinbauern, Pächtern und Tagelöhnern zum Weiterleben half.

Bauer sein hieß vielen Kindern das Leben zu schenken, weil das die Pflicht war und der Pfarrer es so wollte, und weil es die Hoffnung nährte, dass andere da waren, wenn eines starb, und manche vielleicht ein besseres Dasein haben würden.

Das hieß mit der Natur leben, sie beobachten und hinnehmen, wenn ein Unwetter die Ernte zerstörte oder eine Krankheit das Vieh hinraffte oder ein gefällter Baum in die falsche Richtung fiel und im Angesichte das eigene Kind erschlug.

Überleben müssen in und mit der Natur machte erfinderisch. Raffinierte Techniken wurden entwickelt. Beim Kohlebrennen etwa wurde Holz kreisförmig bis zu 2 Meter hoch um einen dicken Holzstock herum aufgeschichtet und mit Erde abgedeckt. Dann wurde der Stock herausgezogen, so dass in der Mitte des Haufens ein Hohlraum entstand, in den die Glut gelegt wurde. Sorgsam mussten die „Köhlerer" darüber wachen, dass die Glut gerade so viel Luft bekam, dass sie weder erstickte noch das Holz entfachte. Tagelang schwelte der Kohlehaufen, bis unter der Erde die gewonnene Holzkohle ausgegraben werden konnte. Auch Kalkbrennen war in der Zwischenkriegszeit für viele eine Überlebensnotwendigkeit. In den bis zu 5 Meter hohen Öfen wurde Kalkgeröll zu Kalk gebrannt. Die Kalksteinbrocken wurden dann „gelöscht": Kalkoxid reagiert bei starker Erhitzung auf Wasser; mit Sand vermischt, ergab dies den Kalkmörtel als Bindemittel fürs

Bauen; um den gelöschten Kalk auch über längere Zeit frisch zu halten und als Kalktünche zum Weißen von Mauern nutzen zu können, wurde er am Hof „eingesumpft". Fast an jedem Hof gab es Kalkgruben. Bauer sein hieß dem Schicksal ergeben sein. Das hieß Knecht oder Magd des Bruders sein, wenn der ihn erbte, das hieß fortgehen und sich sonst wo ein neues Leben aufbauen, von null weg ohne Hilfe und Grundlage. Das hieß meist auf eine Ausbildung verzichten müssen, auch wenn man so gerne gelernt hätte. Das hieß aufwachsen und leben lernen in einer geschlossenen Welt der Bräuche und Traditionen, was stählen konnte, aber auch verhärten.

Eine harte Welt, der romantische Vorstellungen erst im Rückblick und aus der Ahnungslosigkeit von Städtern, Ausflüglern, naiven Volkskundlern übergezogen wurden. Zugleich bot die Bauernwelt immer auch Überlebensmöglichkeiten, karge zumeist und weniger von Großzügigkeit diktiert als von Notwendigkeiten und einem existenziellen Sinn für Not. Der Bauer war auch Arbeitgeber, keiner mit offenem Füllhorn, aber besser als keiner und immerhin einer, der sich meistens genauso in den Acker krümmte wie sein Knecht. In den Gasthäusern rauften sich die arbeitswilligen Männer oft darum, wer von ihnen für zwei oder drei Tage bei einem Bauern aushelfen durfte. Bettler zogen von Hof zu Hof, aber nie in der eigenen Gemeinde, sondern aus Scham auswärts. „Lepslotterer" wurden sie genannt, weil sie am ehesten etwas vom billigen Wein, dem Leps, bekamen, eine warme Suppe war ein Glücksfall. Der Alkohol betäubte das Unglück. Übernachten ließ man sie meist im Stall, das Stroh durften sie sich im Stadel holen. Sie dort übernachten zu lassen, war den meisten Bauern wegen der Brandgefahr zu gefährlich. Als Gegenleistung misteten sie am nächsten Tag den Stall aus, in dem sie geschlafen hatten, oder verrichteten andere anfallende Arbeiten.

Nichts zu haben konnte auch Freiheit bedeuten, denn der Mangel an Geld zwang zum Anbau all dessen, das man zum Überleben brauchte, und wer autark lebte, war der Natur ausgeliefert, aber nicht anderen Menschen. Lieber ein Kleinbauer sein, ein Kleinstbauer, als Diener eines großen, erzählte einer im Interview, Knecht sein hieß keine Verantwortung haben, bedeutete Freiheit in einem anderen Sinne. Mancher Bauer wurde Knecht, mancher Knecht Bauer.

Manche der Bauernhöfe, die wir besuchten, standen im Tal, einer fast am Ufer des Gardasees in einer Wohnstraße, andere hoch oben wie Einsiedeleien, die letzten Hüter von Bergwiesen und Almen, die von der Wildnis zunehmend überwachsen werden.

Hundert Jahre Bauernleben zeigen Brüche auf, Veränderungen, Abbröckeln erstarrter Werte – und die Fähigkeit von Menschen, sich wieder neu anzupassen, neue Lebensgestaltungen zu entwerfen. Vom Getreide zum Vieh, vom Fleisch zur Milch, zu Buschenschänken und Nischenwirtschaften, zum Nebenerwerb, um den Hof halten zu können; der Einbruch der Technik in die Naturverbundenheit, der wirtschaftliche Aufbruch der siebziger Jahre, manch Ratlosigkeit in der Gegenwart und doch die Zuversicht: es wird weitergehen.

Die Kluft ist groß zwischen jenen mit zwei, drei Kühen im Stall und solchen, die Milch und Äpfel auf Rekord produzieren. Zieht der eine noch das im Sommer eingeholte Gras auf dem Schlitten in seinen Stadel, zerreißt der andere mit schneller Hand den Futtersack, den ihm ein Lastauto liefert. Bauer ist nicht gleich Bauer. Auch Rousseaus absolute Landschaft gibt es schon lange nicht mehr, in der Mensch und Natur eins sind und das Walten als gottgewolltes akzeptiert.

Aus vielen Bauernküchen ist jede Romantik verschwunden, blank geputzte Funktionalität, schmucklos, ohne großen Sinn für Materialien, außer beim Herd. Die Rußküche von einst haben, so weit sie sich erinnern konnten, alle gern hinter sich gelassen, auch manch schönes Haus und manch alter Stadel wurde einem Zweckbau geopfert, aber nur für die Ästhetik kann das Bauernleben nicht aufrechterhalten werden, es hat seinen Eigenzweck, seine Gesetzmäßigkeit, um den Hof weiterzubringen, nächsten Generationen ein Dasein zu ermöglichen.

Es ist gut, sich ans Früher zu erinnern, aber heute ist es anders, sagt ein Bauer. Früher war mehr Arbeit und doch mehr Zeit. „Ein richtiger Bauer geht heute schon auch noch hinaus auf Streifzug durch die Flur, aber er geht alleine, und schweigend kehrt er zurück und setzt sich vor den Fernsehapparat." Manchmal ist es schon besser, wenn man nicht zuviel redet, sagt ein anderer, aber wenn man gar nichts miteinander redet, ist es schon auch komisch.

Das Reden darüber, wie es früher war, fiel nicht allen leicht, aber allen war es wichtig: Weniger um etwas zurückzuholen, was unwiederbringlich verloren ist, sondern um es in Erinnerung zu halten. Nicht um die Vergangenheit zu verklären, sondern um sie ein Stück weit auch wieder loszuwerden; manche Träne floss unvermittelt, manche Hand hielt sich bewegt am Küchentisch fest. Mancher Knoten im Hals mag sich wenigstens vorübergehend gelockert haben, vieles, das lange geschluckt worden war, wurde wenigstens einmal ausgesprochen. Auch das Zusammenleben auf den Höfen war und ist keine leichtes. Fast immer endete das Gespräch mit der Frage, wie es wohl weitergehen wird, mit der etwas bange, aber doch vertrauensvoll ausgesprochenen Zuversicht, dass die Jungen schon auch ihre Wege finden werden.

Eine Hofgemeinschaft ist ein enges Geflecht aus Familiensystem und Unternehmen, in dem jede und jeder aufeinander angewiesen ist. Das Erbe zu regeln, ist oft nicht leicht, den Hof abgeben oder die Schwiegertochter akzeptieren für manche eine Lebenskrise. Aber wenn keine Erben da sind, die weiterführen, was Großeltern, Urgroßeltern und wer weiß wie viele Generationen davor allen Widerständen zum Trotz erhielten – war dann nachträglich gesehen alles umsonst? Wenigstens das tröstet manchen, solange der Mensch essen und trinken muss, um zu leben, wird es auch den Bauern, die Bäuerin geben.

Weinen für eine Milchsuppe

Marianna Abraham, Prissian →
Glen/Montan

Marianna Abraham lebt mit ihrem Mann Walter in Glen, unmittelbar nach der Abzweigung nach Truden: „Sie dürfen dort nicht nach Truden fahren, sondern gerade aus, dann kommt rechts ein Spiegel und links ein Zählerkasten für den Strom, dann sind wir die erste Einfahrt links." Die Zufahrtsstraße endet zwischen einem Schuppen mit Holzgerümpel und dem Wohngebäude mitten im Klara-Simala-Hof. Im Montaner Dorfbuch heißt der Hof nach dem ersten Besitzer Cristianus Sümerl „Simmerl-Hof", bekannt ist er eher als „Klara-Simala". Ihren Mann kennt man als Gorgl-Walter oder den Walter vom Gorgl-Hof, von wo er – nur einige Häuser weiter – herstammt.
Die Küche ist trotz des kurzfristig angekündigten Besuches blitzblank. Da sich der Kaminkehrer angekündigt habe, müsse sie heute auf dem Gasherd kochen, sonst benutze sie lieber den Holzherd, sagt Marianna Abraham, denn das sei kein Vergleich.

Marianna Abraham kommt aus der Gegend von Tisens-Prissian, die mit den Weilern Gfrill, Grissian, Naurein und Platzers ein touristisches Schmuckstück im Meraner Land ist. Als Marianna Abraham hier am 23. März 1939 geboren wurde, waren es nach den Schilderungen von Leo Hillebrand in der Tisener Dorfchronik „schmale Jahre". Die hohen Zinsen, fallenden Viehpreise und Absatzschwierigkeiten für Obst und Wein in Folge der Weltwirtschaftskrise zwangen auch im Gebiet von Tisens und Prissian gar einige Bauern zum Verkauf. Viele konnten sich nur dadurch halten, dass sie in Geschäften das ganze Jahr über aufschreiben ließen und die Schulden mit Taglöhnerdiensten abarbeiteten. Dienstboten mussten entlassen werden, das Armenhaus in Tisens war aufgrund der vielen neuen Kostgänger gezwungen, bei den Bauern um Kartoffeln zu betteln. Alte Leute und Kranke waren auf Almosen angewiesen, legendär war in der Prissianer Gegend die „Dirlinger Nanna" oder auch die „Linger-Moidl", die Asche sammelte, um sie für 2 Lire je Kanne als Düngemittel zu verkaufen. Vom Dirlinger-Hof stammt auch Marianna Abraham.

Der Dirlinger, wo ich geboren wurde, ist ein kleines Höfl in Prissian, wird jetzt aber eher zu Gfrill gerechnet. Wir waren Pächter. Später haben wir den Baumann-Hof in Gfrill gepachtet, der abgebrannt ist; danach waren wir in Sirmian beim Roaner-Hof oder Rainer-Hof. Ich war die Älteste von drei Geschwistern, Berta ist eineinhalb, Luis drei Jahre jünger als ich.

Die Viehwirtschaft kenne ich von klein auf, Obst- und Weinbau habe ich später im Dienst kennen gelernt, noch bevor ich ins Unterland kam. Von Gfrill hat eine Seilbahn zum Dirlinger geführt – das ist meine allererste Erinnerung: einmal, wie mit der Seilbahn Möbel gekommen sind, dann, als sie abgebaut wurde. Ich war damals drei, höchstens vier Jahre alt. Gut weiß ich aus dieser Zeit auch noch, wie der Vater zum Holzarbeiten in den Wald gegangen ist und die Mutter ihm das Essen nachgetragen hat. Meistens sind Knödel gekocht worden, mindestens dreimal in der Woche, einmal weiße Knödel, dann schwarzplentene Knödel und so weiter. Im Winter, wenn die Waldarbeit war, haben wir oft auch ein Fackl gehabt. Plent hat es höchstens einmal in der Woche gegeben, meistens am Freitag, anders als hier im Unterland. Bei uns gab's Knödel oder Erdäpfel, was man halt selbst gehabt hat. Das Schönste war für mich, wenn ich mit dem Vater und den anderen Männern mit hinaus zur Heuarbeit durfte, denn zu Halbmittag gab es Speck. Darauf habe ich mich gefreut, da bin ich lieber mitgegangen, als daheim auf die kleineren Geschwister zu schauen. Ging die Mutter zur Heuarbeit mit, habe ich für alle kochen müssen, so ab sieben Jahren schon. Die Mutter hat die Knödel hergerichtet und mir an der Uhr gezeigt, wann ich was zu tun habe: Wenn der kleine Zeiger da steht und der große da, dann musst du das Feuer machen und das Wasser aufstellen, dann den Salat vom Garten holen und waschen. Gesalzen und angerichtet hat dann sie den Salat, aber die Knödel ins Wasser geben und salzen war meine Aufgabe. Um zwölf sind sie alle gekommen, da musste das Essen fertig sein. Ja, da wird man schon selbstständig, aber das war einfach so. Wir haben alle helfen müssen, die Eltern haben schauen müssen, wie sie auskommen. Ich musste abspülen, meine Schwester abtrocknen.

Ich bin lange klein geblieben, gewachsen bin ich erst mit dreizehn, vierzehn in einem einzigen Schub. Bis dahin hat mir der Vater ein Stühlele gerichtet, damit ich überhaupt in den Abspülkessel hinein sah. Damals stand das Wasser von der Früh weg auf dem Herd. Das heiße Wasser wurde zum Abspülen auf die Seite gestellt. Abgespült wurde mit zwei Kesseln, in einem wurde das Geschirr gespült, in den anderen wurde es zum Trocknen gestellt. Abspülmittel gab es nicht, das Spülwasser mit den Essensresten, dem Gspuale, wurde an die Facken verfüttert. Dreimal am Tag haben sie das bekommen und wie es ihnen geschmeckt hat! Meistens hatten wir nur ein Fackl, manchmal aber auch zwei. Nach dem Füttern wurde wieder sauberes Wasser aufgestellt.

Vom Krieg weiß ich noch, wie das Haus unter den Bombenangriffen gezittert hat, obwohl die Bomben weit weg von uns einschlugen. Am schlimmsten war es zu Hitlers Geburtstag. Als die Deutschen einmarschierten, meldete sich mein Vater zum Südtiroler Ordnungsdienst, dem SOD, später ist er eingezogen worden. Ich weiß noch, wie wir beim Rückzug am Stubenfenster gewartet und gehofft haben, dass er endlich zurückkommt, aber da sind alle möglichen Leute vorbeigegangen und er war nie dabei. Auch viele Bettler kamen damals vorbei, wohl deutsche Soldaten auf dem Rückzug, aber das weiß ich nicht so genau. Sie haben halt um ein Gewand gefragt und um ein Essen. Ja und dann ist eines Morgens auch der Vater in der Früh da gewesen, als wir aufgewacht sind. Wir haben uns so gefreut.

Einmal hatten wir eine Hausdurchsuchung, da muss der Vater schon zurück gewesen sein, denn er hat jemanden versteckt, den sie gesucht haben. Da haben sie alles überworfen. Ich habe vor Hunden immer Angst gehabt, aber damals war es das erste Mal, dass ich freiwillig nah an unserem Hund vorbei bin, um mich in einer Holzhütte zu verstecken. Den Heustadel haben sie überworfen, den Misthaufen haben sie umgegraben, und schließlich sind sie auch in die Holzhütte gekommen, wo ich mich verkrochen habe, aber getan haben sie mir nichts.

Eine andere Erinnerung hat mit dem Kalklöschen zu tun. Der Vater hat Kalk eingelöscht und wir Kinder haben ihm zugeschaut. Dann ist ein Wirbelsturm aufgekommen, so stark, dass eines meiner Geschwister beinahe in die Kalkgrube hinuntergestoßen worden wäre. Der Vater hat uns gepackt und ins Haus hineingetrieben. Das Kalkbrennen war gefährlich, aber man hat das Kalk gebraucht, zum Bauen, zum Verweißeln und um es dem Vieh ins Futter zu mischen, damals hatte man ja kein Kraftfutter.

Wir haben alles selber gemacht, das Getreide gemahlen, das Brot gebacken. Zwei, drei Bauern hatten zusammen eine Mühle, wo auch mein Vater das Getreide zum Mahlen hinbrachte, wir haben ihn öfters begleitet. Den Abfall haben wir wieder mitgenommen, der wurde ans Vieh verfüttert. Brot gebacken wurde zweimal im Jahr, im Frühjahr und im Herbst. Den Brotklee haben wir im Garten selber angebaut, das war die Mischung von Kräutern, die wir dem Teig beigemischt haben. Als Gewürze wurden vor allem Anis und Kümmel verwendet. Der Teig wurde am Tag davor hergerichtet, da hat man mit Germ und Wasser das Dampfl gemacht, das war ein Vorteil, den man dann stehen hat lassen, dadurch ist das Brot geschmackiger und auch länger haltbar geworden.

Zu tun gab es immer etwas, auch im Winter, wenn mehr Zeit war. Da war ein Pflug zu richten, ein Wagen in Ordnung zu bringen, Stricke zu flicken. Und da war die Waldarbeit, Holzhacken, Holzarbeiten, Holzmachen, das Holz aus dem Wald herausziehen und heimführen, das ist alles im Winter getan worden.

Lange hatten wir nur Petroliumlicht oder Carbidlampen. Kerzen waren zu teuer, die konnten wir uns nur zu Weihnachten leisten. Aber dann hat der Vater draußen beim Brunnentrog einen kleinen Dynamo angebracht, der vom Wasser angetrieben wurde, und da hatten wir elektrisches Licht. Es waren nur kleine Lämpchen, wie sie heute für Taschenlampen verwendet werden, aber es war elektrisches Licht, das andere damals nicht hatten. Ein Lämpchen war im Stall, glaub ich, eines in der Küche und eines in der Stube. Mit diesem hat der Vater dann gelesen. Die Eltern haben beide gern gelesen, der Vater aber extra gern. Die Bücher hat er beim Pfarrer ausgeliehen, Bibliothek gab es ja keine und kaufen konnten wir die Bücher schon gar nicht. Meistens hat er zwei Bücher ausgeliehen, eines für uns Kinder und eines für die Mutter und sich. Daraus hat er dann unter dem Lämpchen laut vorgelesen, während die Mutter gestrickt hat, das konnte sie auch im Dunkeln. Zuerst hat er uns Kindern vorgelesen, dann der Mutter, oft durften wir aber auch beim Buch für die Erwachsenen zuhören, wenn es für Kinder geeignet war, sonst sind wir halt schlafen gegangen. Lange aufgeblieben sind aber auch die Eltern nicht.

Im Winter ist kein Tag vergangen, ohne dass der Vater vorgelesen hat, im Sommer war es ein bisschen weniger. Da war einfach viel zu tun, die Heuarbeit, die Arbeit im Stall, das Füttern, da wurden auch wir Kinder eingespannt, wo es ging. Ich habe immer mähnen müssen oder vorgehen, wie man auch gesagt hat, also die Ochsen führen, wenn sie den Pflug gezogen haben. Angebaut haben wir Roggen, Weizen, Gerste, Schwarzplent, heut heißt er oft Buchweizen. Im Herbst haben wir das Herbstgetreide, im Frühling das Langesgetreide gesät und auch die Triebe für die Erdäpfel gesetzt.

Beim Ochsenmähnen hat man schauen müssen, dass die Zugtiere gerade gehen. Manchmal sind sie mir schon auch quer über den Acker durchgegangen. Gebraucht hat es immer zwei Zugtiere, aber Ochsen haben wir uns nur einen vermocht, so wurde halt der Ochs mit einer Kuh zu einem Fuhrwerk zusammengespannt. Die Ochsen haben ja nichts geleistet außer die paar Mal, wenn sie für das Pflügen oder für das Ziehen eines Wagens gebraucht wurden, beim Heueinholen oder beim Holzziehen. Die ganze andere Zeit ist der Ochs nur im Stall gestanden und hat gefressen. Schlachten konnte man ihn auch erst so spät wie möglich, nach sieben, acht Jahren, weil man sich sonst keinen neuen leisten hätte können, und dann war er nur noch für die Würste zu gebrauchen. Manche hatten überhaupt keinen Ochsen, die haben die Kühe vorgespannt. So hatte man von den Kühen den doppelten Nutzen. Dass sie weniger Milch gaben, wenn sie hart arbeiten mussten, ist nicht so ins Gewicht gefallen. Auch Kühe hat man so lange gehalten wie nur möglich, eine unserer Kühe ist vierzehn Jahre alt geworden. So haben wir die Kalbelen gezügelt und verkauft, um ein Geld hereinzubekommen.

Melken habe ich so mit acht, neun Jahren angefangen, meistens am Abend. In der Früh mussten wir im Winter ja zur Schule gehen, und im Sommer waren wir hüten. Die Weide war eine halbe Stunde vom Hof entfernt, meistens waren wir zu zweit, oft war ich aber auch allein. In der Nähe der Weide wohnte eine Familie mit zwanzig Kindern. Unsere Väter haben sich nicht gut verstanden, vielleicht weil mein Vater nicht aus der Gegend war, er hatte von Vöran hergeheiratet. Das haben sie uns schon spüren lassen. Einmal haben sie uns in den Stall eingesperrt und die Kühe vertrieben. Als sie uns endlich freiließen, mussten wir erst die Kühe wieder finden, bis nach Platzers war eine getrieben worden. Das war das erste Mal, dass ich von meinem Vater Schläge bekommen habe, weil er glaubte, ich hätte auf die Kühe nicht aufgepasst. Damals war ich neun oder zehn Jahre alt. Er ist gestorben, als ich vierzehn war, und ich konnte diesen Vorfall nie mit ihm klären. Oft hat er auch etwas eingesehen, zum Beispiel, als ich einmal mit nassen Schulheften heimkam, weil man mir Schnee in die Schultasche getan hatte, da hat er mir schon geglaubt, dass ich das nicht selber war. Aber bei den Kühen hat er nie etwas zurückgenommen, das hatte ich im lange für übel. Eine Kuh war halt sehr wertvoll, da hing das Leben der Familie dran.

Im ersten Schuljahr waren wir noch beim Dirlinger. Da musste ich den Schulweg nach Gfrill, das war so eine halbe bis dreiviertel Stunde, ganz alleine machen, weil meine Geschwister noch klein waren. In Gfrill ist zu Nikolaus Kirchtag, und da haben alle Kinder erzählt, was sie vom Nikolaus bekommen haben, und als sie mich gefragt haben, habe ich nicht gewusst, dass der Nikolaus etwas bringt, weil es das bei uns nie gegeben hat. Da haben sie mich gehänselt, ich sei wohl nicht brav gewesen. Daheim habe ich dann geweint, weil ich nicht verstehen konnte, dass der Nikolaus ausgerechnet zu mir nicht kommt. Die Eltern haben versucht zu erklären, zu uns sei der Weg wohl zu weit für den Nikolaus, aber das konnte ich nicht glauben. Wenn es wenigstens eine Kleinigkeit gegeben hätte! Später ist dann auch zu uns der Nikolaus gekommen. Zu Weihnachten hat es schon vorher immer etwas gegeben, ein paar Strümpfe, Socken, Unterwäsche, Pullover oder einen Jangger. Die Nachbarkinder haben einmal eine Rodel bekommen, ein Nachbarbub hat sogar Ski gekriegt. Wir hätten auch gern einen Schlitten gehabt.

Als ich sechs wurde, habe ich zum Geburtstag einen Rucksack bekommen. Damit durfte ich nun einkaufen gehen. Das Lebensmittelgeschäft war in Gfrill, der Vater begleitete mich das erste Mal und sagte, ich sollte gut zuschauen. Danach musste ich alleine gehen. Sie steckten mir einen Zettel in den Rucksack, ich kaufte die Sachen ein, der Vater ging am Sonntag hin zahlen.

Wir hatten mit ganz wenig schon eine Freude, aber wenn dann einmal etwas nicht so war wie gewohnt, dann war die Enttäuschung groß. Zum Frühstück gab es bei uns immer Milchsuppe. Da wird Weizenmehl mit einem Goggele, wenn man eines hat, oder sonst auch nur mit etwas Wasser zu kleinen Kugeln gerollt, Friegel haben wir sie genannt. Die hat man in die warme Milch getan und gegessen. Und am Sonntag gab es bei uns schwarzplentene Milchsuppe. Bei meiner Erstkommunion wurden wir vom Kurat zum Frühstück eingeladen, da gab es Kaffee mit Guglhupf. Das war ich nicht gewohnt, ich mag heute noch keine Süßspeisen zum Frühstück. Als ich heimkam und auf dem Herd die übriggebliebene schwarzplentene Milchsuppe stand, habe ich weinen müssen, weil die schwarzplentene Milchsuppe musste man schnell essen, sonst bildete sich um die kleinen Knollen eine Rahmschicht, die ich überhaupt nicht mochte, und außerdem waren sie dann schon ganz aufgeweicht. Als ich in die Stube bin und die schöne weiße Tischdecke sah, habe ich noch einmal weinen müssen, weil die Häuserin im Widum den Tisch nur mit einer braunen Decke überzogen hatte. Da hat die Mutter gesagt, bist du ein Potschela, wir haben den Tisch ja extra für dich gerichtet! Die Mutter hat immer viel Wert darauf gelegt, an Festtagen den Tisch festlich zu decken. Wenn jemand Geburtstag oder Namenstag hatte, lag auf seinem Platz eine Serviette und daneben stand ein Blümchen. Ich habe im März Geburtstag, meine Schwester im Dezember, aber ein Blümchen hat die Mutter immer gefunden. Und das hat dann auch so sein müssen.

Auf dem Hof, den wir gepachtet haben, hatten wir Äpfel, rund fünfzehn Steigen. Die Sorten weiß ich nicht mehr genau, eine Sorte war besonders gut, eine Renettenart. So bekamen wir zur Jause immer einen Apfel und ein hartes Brot. Die anderen Kinder waren uns auf die Äpfel neidisch und haben sie uns oft genommen.

An den Sonntagen im Winter war die Messe in Grissian um sechs in der Früh, im Sommer um fünf. Da sind wir um halb vier aufgestanden und um vier losmarschiert, eine Stunde mussten wir gehen. Ich habe das nie so als Zwang empfunden, das hat dazugehört. Nachmittag haben wir nie in die Messe gehen müssen, am Sonntag war ja immer noch der Rosenkranz oder das Nachmittagkirchen.

In Grissian hat die Schule um 7 Uhr in der Früh begonnen. Um 6 Uhr war das Betläuten, und wenn wir da aus dem Haus waren, wussten wir, dass wir normal gehen können, sonst hat es geheißen schnell gehen. Für den Heimweg durften wir eineinhalb Stunden brauchen, weil wir unterwegs spielten. Das Mittagessen haben wir noch in der Schule bekommen.

Die Lehrerin war noch ganz jung, achtzehn Jahre. Unter dem Faschismus hat es ja keine ausgebildeten deutschsprachigen Lehrpersonen mehr gegeben, und unsere Lehrerin hatte nur einen dreimonatigen Kurs besucht. Schule hatten wir am Montag, Dienstag und Mittwoch, am Donnerstag war frei, am Freitag und Samstag war wieder Schule, der Sonntag war wieder frei. Und an diesen zwei freien Tagen, Donnerstag und Sonntag, musste die Lehrerin zu einem Kurs nach Bozen, um das zu lernen, was sie uns in der Woche drauf beibringen sollte. Im Schulhaus gab es einen Klassenraum und einen Wohnraum für die Lehrerin, mit einem Bett und einer Kochstelle. Dort hat sie für uns gekocht. Alle acht Jahrgänge bildeten eine einzige Klasse, aber für den Religionsunterricht hat der Kurat die Klassen oft geteilt. Dann sind die einen Schüler mit ihm im Klassenzimmer geblieben und die anderen mit der Lehrerin in ihren Wohnraum gegangen.

Ich war vermutlich keine schlechte Schülerin, weil ich in der dritten, vierten Klasse oft den Kleinen beim Lesen und Schreiben helfen musste. Ich bin gern Schule gegangen, aber die Eltern konnten damals die Ältesten länger zum Arbeiten daheim behalten. Die Schule begann am 1. Oktober, ich durfte aber immer erst zu Allerheiligen gehen, und ab Mai musste ich wieder daheim arbeiten, obwohl die Schule bis 30. Juni ging, zu Peter und Pauli wurden die Zeugnisse

Die Haushaltungsschule in Glen war in Südtirol eine der ersten Bildungsstätten für Bauerntöchter. Im Bild vorne das Ehepaar Abraham, das einige Schülerinnen beherbergte; hinten Walter Abraham mit seiner zukünftigen Frau Marianna.

Im Butterkübel wird der Rahm zu Butter geschlagen. Im Bild Marianna Abrahams Schwiegermuttter.

Marianna Abraham klopft das Wasser aus der frisch geschlagenen und gewaschenen Butter.

verteilt. In Sirmian war unsere Weide etwas oberhalb der Schule, von dort habe ich direkt auf die Schule hinunter gesehen und geweint, weil ich nicht Schule gehen durfte. Als ich später die Haushaltungsschule besuchen durfte, hier in Glen, hatten wir eine Rechenaufgabe zu lösen, die ich einfach nicht verstanden habe. Ich bin davor gesessen und habe halt wieder geweint. Da hat mich die Lehrerin gefragt, was los ist, so eine Rechnung muss ich doch können – aber ich hatte doch immer gefehlt! Das habe ich ihr dann erklärt, dann hat sie es verstanden.

Gern hätte ich eine Lehre gemacht, Schneiderin war mein Traum, aber ... Der Vater ist gestorben, als ich vierzehn war. Es war die letzte Strebfuhre in jenem Herbst, schon im November. Ich hatte ihn jeden Tag begleitet. Aber an dem Tag hatte ich in der Früh Kopfweh, da hat die Mutter gesagt, ach, bleib du heute daheim, geh ich mit dem Vater. Und als sie mit dem Ochsen vom Acker zurückgekommen sind, der Weg war abhängend, er hat von unten dagegengehalten, ist die Fuhre über ihm umgekippt, es hat ihm die Wirbelsäule abgedrückt. Er war auf der Stelle tot.

An dem Tag noch hat der Vater zu mir gesagt, wir lassen jetzt den Hof auf, weil im März die Pacht ausläuft. Er hat in Nals ein kleines Grundstückl gekauft, da wollte er ein Haus hinein stellen. Bauen wir uns ein Hüttl, hat er gesagt, er werde arbeiten gehen, und du, sagte er zu mir, gehst auch arbeiten. Nach dem Unglück war es gar nicht mehr anders möglich, als dass wir die Pacht auflösen mussten und ich in den Dienst zu gehen hatte. Wir hatten damals zwölf Stück Vieh, das haben wir verkauft, da haben meine Onkel geholfen und ein Cousin der Mutter, der bei uns Knecht war. In Prissian konnten wir in der Wohnung eines Onkels unterkommen. Am 15. März hätten wir vom Hof gehen müssen, aber es hat so geschneit, dass wir unmöglich plündern konnten. Der Besitzer aber zeigte uns bei den Carabinieri an, weil wir nicht rechtzeitig auszogen. Dann sind die „Karpf" gekommen. Meine Mutter konnte vielleicht fünf Wörter Italienisch, deshalb kam der Tisener Gemeindesekretär zum Dolmetschen mit. Zweieinhalb Stunden waren sie zu Fuß von Tisens herauf unterwegs, weil die Straße unmöglich befahrbar war. Da sagte der Carabiniere, ja was will denn dieser Mensch, die Frau kann doch nicht bei diesem Schnee mit den Kindern weg. So durften wir bis April bleiben, bis die Wege wieder frei waren.

Meine jüngere Schwester kam in die Mittelschule und durfte in Meran weiter zur Schule gehen, sie ist dann Lehrerin geworden. Der Bruder ging auch noch in die Schule. Ich kam als landwirtschaftliche Arbeiterin zu einem Bauern nach Nals, einem Pächter des Gstrein-Hofes, der zur Schwanburg gehört. Getreide war da keines mehr, Vieh schon noch, vor allem aber Äpfel und Wein. Da habe ich alles gelernt, was ich später im Unterland brauchen konnte, Rebenbinden, Bäume schneiden, das „Türkpecken" – das Aushacken und Säubern der Maiskolben. Die hatten ein Moos, wie man ja auch im Unterland zu den Feldern sagt, das ging von Nals bis fast nach Terlan, da haben wir den ganzen Tag zu viert an einer einzigen Zeile gearbeitet. Und nirgends war ein Schatten, da hat man schon schuften müssen für das bissl Geld. Und im Winter, wenn weniger zu tun gewesen wäre, habe ich in Nals bei der Obstgenossenschaft gearbeitet. Da wurden auch die Renetten von unserem früheren Pachthof angeliefert, das waren die besten Äpfel. Wir sind immer über die anderen Steigen geklettert und haben uns diese Äpfel geholt, eine ist draußen Schmiere gestanden.

Als landwirtschaftliche Arbeiterin habe ich das erste Jahr gar nichts verdient, sondern nur das Gewand bekommen. Das zweite Jahr bekam ich 3.000 Lire im Monat, dafür musste ich mir aber das Gewand selber kaufen. Allein für ein Paar Schuhe, das ich dringend brauchte, musste ich 6.000 Lire ausgeben, zwei Monatsgehälter. Im vierten Jahr habe ich 5.000 Lire verdient, da war mir der alte Mantel zu klein und der neue kostete 20.000 Lire. Vier Jahre bin ich dort geblieben, dann hat mich die Mutter überzeugt nach Kurtatsch zu gehen, wo ein Onkel Pfarrer war, damit ich auch im Haushalt etwas lerne. Da bekam ich 15.000 Lire, aber es war inzwischen ja auch alles rapid gestiegen. Für mich habe ich höchstens 500 Lire gebraucht, den Rest habe ich alles der Mutter gegeben, damit sie der Schwester das Studium zahlen kann. Ich hab's gern getan, es hat mich nicht gereut. Die Fahrt von Kurtatsch nach Tisens hätte 250 Lire gekostet, wenn ich von Burgstall mit der Tram nach Lana und von dort nach Tisens gefahren wäre. Aber ich bin immer schon in Vilpian ausgestiegen und die zweieinhalb Stunden von dort zu Fuß hinauf, weil ich damit 100 Lire sparen konnte. Mit dem so ersparten Geld konnte ich der Mutter aus Kurtatsch einen Kaffee mitbringen, damit ich nicht mit leeren Händen heimkomme.

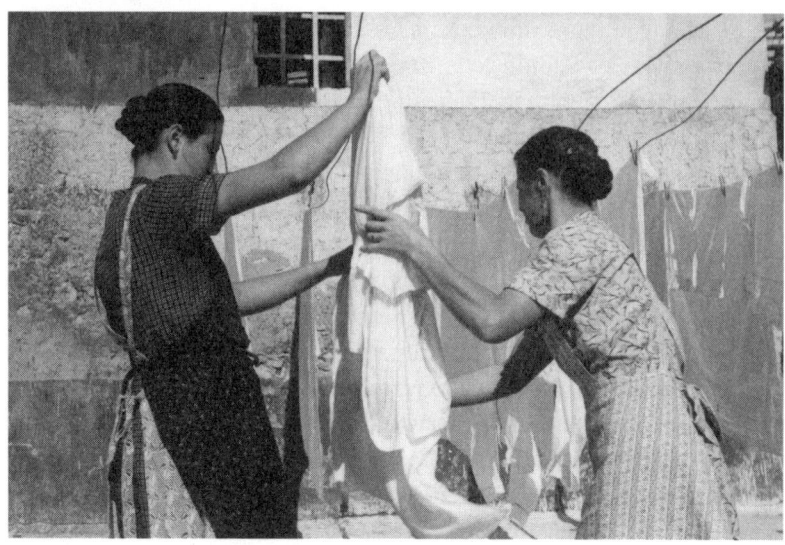

Die Wäsche wurde im Brunnen vor dem Hof gewaschen, hier vor dem Widum in Kurtatsch, wo Marianna Abraham im Dienst war.

Mit der Henne unter dem geliebten Renettenbaum: Von Prissianer Berghöfen kam Marianna Abraham zum Dienst in der Obstwirtschaft.

Bauern der nächsten Generation: Die Kinder Anna und Martin auf dem ersten Traktor ihrer Eltern, einem Piccolo.

Man hat es gar nicht anders gekannt damals. Mein Bruder hat Gärtner gelernt. Er hätte so gern ein Radl gehabt, aber dafür hat das Geld nie gereicht. Es waren schon harte Zeiten, aber ich ... ich würde trotzdem nicht tauschen wollen, es ist hart gewesen, aber ... ja, wir haben eine schöne Kindheit gehabt, weil die Familie so zusammengehalten hat. Wir haben zusammen gelesen, Mensch ärgere dich nicht oder Karten gespielt. Gesungen haben wir weniger, weil wir nicht recht musikalisch waren, außer wenn die Tante gekommen ist, eine Schwester von der Mutter. Der Vater war gesellig, er hat gern jemanden eingeladen, und der Kusin der Mutter, unser Knecht, hat auf der Ziehharmonika gespielt, da sind die Nachbarn gekommen und es ist getanzt worden. Mei, gehabt haben wir nicht viel, aber ein hartes Brot und ein Stückl Speck hat es gegeben, und das ist aufgeschnitten worden.

Von Kurtatsch bin ich noch einmal zurück nach Nals zur Pächterfamilie. In der Früh musste ich dort im Sommer um fünf, im Winter um 6 Uhr aufstehen, um die Milch auf den Dorfplatz zu bringen, wo der Milchtransporter vorbeikam. Das waren noch Eisenkandeln ohne Verschluss, da musste ich Acht geben, die Milch nicht zu verschütten. Zum Melken aufgestanden ist der Pächter selber, um drei in der Früh ist er in den Stall gegangen, dann um 3 Uhr Nachmittag noch einmal, dann ist er bald einmal schlafen gegangen.

Schließlich habe ich zwei Jahre nur noch im Obstmagazin gearbeitet, aber damit ich weiter bei den Pächtern wohnen durfte, habe ich vor der Arbeit die Facken und Hühner gefüttert, bin danach mit der Milch auf den Dorfplatz, habe die Kandeln zurückgebracht und bin dann ins Obstmagazin. Die Hauptarbeit war das Sortieren, das ging damals alles noch mit der Hand, Förderband oder so etwas gab es nicht. Wir Jungen haben die Kisten angeschleppt und den Sortierfrauen auf die Bänke gestellt, und diese haben die Äpfel nach Größe und Qualität in verschiedene Kisten gepackt. Die ganz schönen waren die „Zu-Verpackenden". Im Herbst habe ich beim Rebenbinden geholfen und danach noch beim Kastanienauflesen, aber am meisten gefreut habe ich mich aufs Laubkehren. Da durfte man die Kastanien, die man unterm Laub fand, behalten und verkaufen. Einmal habe ich in einem einzigen Herbst mit den Kastanien so viel herausbekommen, wie ich sonst das ganze Jahr verdient habe. Die meisten haben diese Arbeit nicht gern getan, weil sie mühsam war.

Die Kastanienigel haben einen in die Hand gestochen, wenn man sie unter dem Laub gesucht hat. Äpfelgeklaubt habe ich natürlich auch, mit den langen Leinen für die hohen Bäumen und mit der Schlotter. Als ich es mir endlich leisten hätte können, bei einer Näherin in die Lehre zu gehen, habe ich es einfach nicht mehr derpackt. Ich war gewohnt, immer draußen zu sein, in den Gütern, in der frischen Luft. Ich hätte viel früher anfangen müssen, aber so ging es nicht mehr. Ich nahm dann noch einen Posten in Burgstall an, bei dem ich 25.000 Lire verdiente. Damit konnte ich mir die Haushaltungsschule zahlen, die bei der Einschreibung noch in Schlanders war, aber noch vor Schulbeginn nach Glen bei Montan verlegt wurde. Ich wollte mich schon wieder abmelden, aber dann bin ich halt doch gegangen, weil es geheißen hat, etwas musst du lernen. Das war nur ein Schuljahr damals, vom 6. November bis 6. Mai. Weil im Heim der Schule zu wenig Platz war, wurde ich mit ein paar anderen Schülerinnen beim nächsten Bauernhof untergebracht, genau hier in diesem Haus, wo damals auch schon der Walter gewohnt hat. Er war der einzige in der ganzen Gegend, der schon ein Auto hatte, und so haben ihn die Lehrerinnen oft gebeten, sie herumzufahren. Und wenn in der Schule etwas zu richten war, hat man auch den Walter geholt. Erst vor kurzem habe ich bei einem Klassentreffen erfahren, dass meine Mitschülerinnen oft absichtlich ein Rohr verstopft oder eine Wasserleitung abgedreht haben, damit der Walter kommen muss. Sie sind halt alle auf den guten Walter geflogen. Ich war bei diesen Streichen nicht dabei, aber ich habe mich vielleicht auch nicht so anstrengen müssen, um den Walter auf mich aufmerksam zu machen. Und so habe schlussendlich ich ihn gekriegt.

Nach der Haushaltungsschule habe ich beim Baron Longo in Neumarkt gearbeitet. Die Baronin hat in der Haushaltungsschule nach einem Madl gefragt, und da die meisten wieder nach Hause in ihre Dörfer wollten, habe ich die Stelle angenommen. Das war noch nicht einmal wegen dem Walter. Die Mutter hat gesagt, das ist eine Stelle im Haushalt, wenn du sie kriegst, dann nimm sie. Dann haben die Eltern vom Walter ein Ferienhaus eingerichtet, da habe ich dann schon hier gearbeitet. Und nach der Hochzeit, 1963, haben wir selbst ein Ferienheim aufgemacht. Später haben wir eine Pension daraus gemacht, die „Pension Abraham", schließlich Urlaub auf dem Bauernhof, wegen der Steuern.

Nach unserer Hochzeit hatten wir noch das Ross mit dem Fuhrwerk, ein oder zwei Jahre später haben wir den ersten Traktor gekauft, einen Piccolo. Der Weg hierher war schon gut befahrbar, Schotter halt, noch kein Asphalt. Die Waschmaschine habe ich bekommen, als ich mit dem ersten Kind, der Anna, im Spital war, das war 1964. Da ist der Walter gekommen und hat gesagt, jetzt habe ich eine Waschmaschine gekauft. Eine Abspülmaschine haben wir erst um 1969/1970 angeschafft, damals wurde die Hotelfachschule beim Palace in Meran aufgelassen, und der Walter ist hinaufgefahren und hat ein paar Sachen auslösen können. Die Handtücher habe ich heute noch, so eine gute Qualität war das. Die Spülmaschine hat zweiunddreißig Teller in einem Waschgang abspülen können, in zwanzig Minuten war das ganze Programm durch. Ich habe nie eine bessere bekommen, wir haben sie erst weggegeben, als wir keine Ersatzteile mehr fanden. „Lilli" hat sie geheißen.

In der Landwirtschaft hatten wir neben Vieh und Getreide auch schon Wein. Äpfel hatten wir nur für den Hausgebrauch. Einen Sprüher haben wir erst gekauft, als der Bub, der Martin, schon dreizehn oder vierzehn Jahre alt war. Vorher hat man mit den Schläuchen gespritzt. Da musste ich um vier in der Früh aufstehen, denn um fünf ist es losgegangen mit dem Spritzen. Da bin ich mitgegangen Schläuche ziehen. Um sieben waren wir dann schon so weit, dass der Walter alleine zurechtkam, weil er nicht mehr so viele Schläuche ziehen musste. Um 8 Uhr haben die Gruppen Frühstück bekommen, dann habe ich abgespült und angefangen, das Mittagessen für die Gäste zu richten.

Zwanzig Jahre lang habe ich mit meinen Schwiegereltern gewohnt, das war auch nicht immer leicht, aber es ist schon gegangen. Hier hat es halt immer Plent gegeben. Auf Mittag ist er gekocht auf den Tisch gekommen, mit einer Wurst oder mit Salat oder Kraut. Am Abend ist er geröstet worden. Sonst gab es einen Tschutsch, den sogenannten Ofenplent, der eigentlich ein Omeletteig ist, das haben wir in unserer Gegend gar nicht gekannt. Die Schwiegermutter war eine gute Köchin, das haben auch unsere Arbeiter immer gelobt. Sie hat mit wenig etwas zusammengebracht. Wenn sonst nichts da war, hat sie zwei Würste gekauft und ein Gulasch daraus gemacht oder sie hat sie in Bröckeln geschnitten und mit Zwiebel abgeröstet. Oder sie hat Resteln verkocht, und dann hat der Plent auch schon anders geschmeckt, als wenn nichts dabei gewesen wäre.

Einen Fernseher haben wir erst gekauft, als die Kinder so zwischen acht und zehn Jahre alt waren, das war um 1975. Alle ihre Freunde hatten schon einen Fernseher, so sind sie immer zu denen fernsehen gegangen. Da haben wir dann gesagt, na, jetzt richten wir uns selbst einen, damit sie nicht immer umadumm sein müssen.

Das Vieh haben wir aufgelassen, als 1984 der Schwiegervater gestorben ist. In den Stall gegangen war immer er, außer er konnte gerade einmal nicht. Ich konnte ja nicht in den Stall gehen, wenn ich danach zu den Gästen musste. Und der Walter ist auch nie in den Stall gegangen. Ein Jahr lang hat unser Sohn versucht, die Viehwirtschaft weiterzuführen, aber Samstag und Sonntag wollte er auch frei haben. Und so sind halt auch wir ganz auf Wein umgestiegen, wie zu dieser Zeit fast alle. Wer Wein oder Äpfel anbauen konnte, hat das Vieh aufgelassen. Eine Zeitlang war es noch ein bisschen gemischt, jetzt haben wir hauptsächlich Wein, vor allem Blauburgunder, der hier gut wächst, ein bissl Müller Thurgau und etwas Gwürzer. Die Kinder sind jetzt ja selbstständig, das Madl ist in Pinzon verheiratet und der Bub hilft uns manchmal, aber sonst ist er außer Haus.

Jetzt sind nur noch wir zwei daheim. Ja, so war das, ja, es ist schon gut, dass diese Sachen aufgeschrieben werden, sonst gehen sie verloren, und mit dem Schreiben hat man's halt meistens nicht so.

Die Mutter ist das, was alles zusammenhält

Sepp Auer, Glaiten/Passeier

Der „Oberhof" liegt auf 1.200 Metern, rund zehn Gehminuten über dem Glaitener Kirchlein St. Hippolyt, zwei Gehstunden über St. Leonhard, eine Wanderung heute, einst ein selbstverständlicher Ab- und Aufstieg. Der Blick hat Raum, das Licht ergießt sich kilometerweit über Hügel und Almen und Joch, über das Passeiertal bis nach Meran.
Sepp Auer kennt die Wege und jeden Markierungsstein zu den Almen, aber die Namen der Berge kennt er nicht. Sie zu erklimmen, wäre ihm nie in den Sinn gekommen. Das Leben hier ist an sich schon ein Risiko, nach Krieg und Gefangenschaft dürstete ihm nicht nach weiteren Grenzerfahrungen. Jahrzehntelang stapfte er winters wie sommers hinauf zu den Bergwiesen, winters, um mit dem Schlitten das Heu zu holen, das sommers eingelagert wurde. Der Weg ist so steil, dass einer, der es nicht gewohnt ist, sich schwer täte, da hinauf zu kommen, und noch schwerer herunter, auf den Beinen und nicht auf dem Hosenboden. Da müsse man aufpassen mit dem Trinken, wenn man

diese Straße hochfährt, sagt er, der kaum einmal ein Glas Wein trinkt, „Wasser kann man genug trinken, hou." Er sagt hoi, oder hou oder ja, ja, aber irgendetwas sagt er immer in den Redepausen und am Ende eines Satzes. Es klingt nicht nach Alterseigenart, mehr nach dem lauten Denken eines Weisen. Und die strahlend blauen Augen leuchten dazu wie ein Rufezeichen.

Er ist der Älteste von vierzehn Kindern, und 2010 leben alle noch. Die Begegnungen sind meist zufällig, vor drei Jahren hätten sie sich zur Familienfeier getroffen, „da haben wir oben Kirchen gehabt und alle vierzehn waren da".

Sepp Auer hat vom heimatlichen Pfitscher-Hof zum „Oberhof" geheiratet, „aus Zorn haben wir nicht geheiratet, also wird es schon Liebe gewesen sein". Seine Frau Rosa Lanthaler ist 2007 gestorben. Bauer ist nun sein Sohn Franz, mit 30 Stück Vieh brauche er keinen Nebenerwerb.

Vom Parkplatz vor dem Stadel führt eine uralte Steintreppe zu Stall und Wohnhaus. Über dem Stalleingang hängt neben dem Foto der aktuellen Miss-Südtirol ein Bild des Franz von Assisi. Die Kühe sind geputzt und sauber, als gelte es, sie auf den Markt zu bringen, „knattlige Kühe mögen wir nicht. Die Frau und ich haben mit dem Vieh eine große Freude gehabt, das hat der junge Bauer wohl geerbt." Und dessen vierzehnjährige Tochter Daniela habe dieselbe Freude.

Schwiegertochter Ida bereitet in wenigen Minuten einen Kaiserschmarren zu, nebenher, während sie Tisch deckt, Saft abrichtet, Fotos sucht und nachschürt. Im Rohr dampft ein Brathuhn. Der „Oberhof" ist ein Erbhof, die Enkelkinder Stephanie, Andreas und Daniela sind bereits die siebte Generation. Sepp Auer ist es zufrieden.

D ie Bergwiesen sind heutzutage vielfach zugewachsen, früher war das anders, früher hat man mehr gemäht, weil der Bauer nicht das Geld hatte, das Futter zu kaufen. Wenn es kurz vor der Ernte hagelte, war alles kaputt und wir wussten, dass der Winter noch strenger wird, und wenn es viel geregnet hat, dann war es auch nicht gut. So musste man vom Hof leben, ob es etwas gab oder nicht. Essen ist nie am Tisch übrig geblieben, die Teller wurden immer sauber gegessen, übrig hatten wir nichts, nur Schulden, weil der Vater den Pfitscher-Hof erst gekauft und nicht geerbt hat.

Ich wurde am Pfitscher-Hof geboren, am 14. Februar 1922, das ist nicht weit von hier. Von vierzehn Kindern waren wir acht Buben und sechs Gitschen. Zwei haben nicht geheiratet, die anderen alle. Das ist auch der Grund, weshalb man sich nicht mehr so oft sieht, weil einfach jeder seine eigene Familie hat. Meine Schwester Moidl wüsste viel über die Zeit zu erzählen, als ich im Krieg war, die war mit einer anderen Schwester und dem Vater im NS-Durchgangslager in Bozen, weil ein Bruder, der Serafin, nicht eingerückt ist und sich versteckt hat. Die Mutter haben sie daheim gelassen, anders als bei anderen Familien aus dem Passeier, wo beide Elternteile und alle Geschwister mitgenommen wurden, aber meine Mutter hatte damals ja noch viele kleine Kinder, so hat sie den Hof inzwischen alleine geschaukelt. Die Moidl war zweimal verheiratet und beide Männer sind ihr gestorben, die hatte kein einfaches Leben.

Die meisten der Brüder leben auf einem Hof, nur drei haben keinen. Ich habe auf den Hof meiner Frau geheiratet, der Karl hat den Heimathof übernommen, der Franz hat einen Hof gleich neben der Glaitener Kirche gekauft, der Johann war bei der Wildbachverbauung und lebt jetzt im ehemaligen Schulhaus von Glaiten. Die übrigen Geschwister heißen Tonl, Albert, Max, Lisa, Rosl, Marta, Burgl und Anna. Das waren die gängigen Namen damals und es war auch üblich, dass ein Sohn und eine Tochter die Namen der Eltern trugen, meine Eltern hießen Anna und Serafin.

Ich war der Einzige, der im Krieg war, just um den 20. Geburtstag 1942 wurde ich einberufen. Bei der Option 1939 haben meine Eltern gar nichts getan, die haben sich weder für Deutschland noch für Italien entschieden, die haben einfach nur gesagt, wir bleiben hier, fertig. Deshalb musste ich bei den Italienern einrücken, hou. Dann kam ich nach Italien hinunter und von dort nach Tunis in Gefangenschaft, und von dort kamen wir mit dem Schiff durch den Gibraltar nach England. Und als ich freigelassen wurde, bin ich den ganzen Weg wieder von England zurück nach Napoli, und herauf mit dem Zug. Mit einem Flugzeug geflogen bin ich nie.

So bin ich eigentlich weit herumgekommen. Wenn man immer nur am selben Ort ist, weiß man wenig, man muss unter andere Men-

Die Schüler der Bergschule Glaiten mit Sepp Auers Brüdern Ende der vierziger Jahre. Da der einzige Schulraum zu klein war, wurde der Unterricht auf Schichten am Vormittag und Nachmittag aufgeteilt.

Sepp Auers zweitältester Sohn, Hoferbe Franz: Die Schuhe trug er auf der Alm genauso wie im Stall und in der Schule.

Beim Kornschnitt (1959): So steil sind die Hänge, dass Sepp Auer das Traktorfahren gar nicht erst lernen wollte.

schen kommen, um etwas zu erfahren. Deswegen hat man früher auch gesagt, der hat immer nur am gleichen Ort seine Notdurft verrichtet, wenn einer sonst nirgendwo hingekommen ist, ja. Aber natürlich war das nicht angenehm, wo ich war, das war kein Jugendleben. Zweimal habe ich die Malaria bekommen, zuerst in Tunis, dann in England, und bekommen habe ich ein paar Tabletten, sonst nichts, nicht einmal ins Krankenhaus haben sie mich gebracht. Ich war traurig, so früh sterben zu müssen, und wollte doch nur mehr sterben. Nur dass meine Mutter erfahren würde, wo ich begraben bin, habe ich mir noch gewünscht.

Als ich 1946 heim gekommen bin, da hat mir die Mutter richtig gut und fett aufgekocht, und ich hab fleißig gegessen, weil ich einen Hunger hatte und davon habe ich ein Magenweh bekommen, das mich monatelang kaum schlafen ließ. Ich hätte wenig essen und langsam erst wieder fetter essen sollen, aber nachher ist man immer gescheiter. Mein Vater und die Schwestern hatten schon auch mit dem Magen zu kämpfen, als sie vom Durchgangslager heim kamen, die bekamen dort nicht einmal ein Salz in der Suppe, die wussten auch gar nicht, was mit ihnen geschah, da sind ja immer wieder welche geholt und nach Dachau gebracht worden und nie mehr gekommen. Die haben schon schlimme Zeiten durchgemacht in diesem Lager, oje. Das war alles eine Folge der Option, viele von den Dableibern hätten ja von den Deutschen selber Ruhe gehabt, aber da waren schon die Entsprechenden unter uns im Dorf, die an die offizielle Seite meldeten, dass es diesen und jenen hier nicht braucht und dass man den ruhig holen mag.

Meine zwei jüngsten Brüder waren der Max und der Albert, die sind erst Mitte der vierziger Jahre auf die Welt gekommen. Nach dem Krieg haben sie eine Handgranate gefunden und auf einem Stein zerschlagen. Dem Max hat es die Hand weggerissen und er war nicht mehr bei sich, aber er hat trotzdem überlebt, auch wenn es damals noch keine Straße gab und er erst nach Stunden eine Bluttransfusion bekam. Bauer werden konnte er aber mit einer Hand nicht mehr. Der Albert hatte einen Splitter im Bauch, den haben sie geschwind operiert und wieder ganz hergerichtet. Der Max hat nie geheiratet, er hat eine kleine Wohnung, in der er alleine wohnt, im Winter ist er im Dorf ummanand und lasst es sich gut gehen, und im Sommer geht er auf die Alm, da er nur allein ist, derlebt er es wohl. Der Albert hat auch gehütet und als Tagelöhner da und dort gearbeitet, jetzt hilft er seiner Tochter, die in ein Hotel hineingeheiratet hat.

Krankenkasse und Geld für Arzt und Spital gab es damals nicht. Wir hatten einen Gemeindearzt, der hat gesagt, Kamillentee und zuwarten, und mit dem Zuwarten sind dann einige gestorben. Wenn man erkrankt ist, hat man halt gebetet oder sich selbst geholfen. Die Mutter hat uns selbst gesammelten Kräutertee gemacht und Essigwickel an Kopf und Füßen. Andere machten auch Kartoffelwickel, aber die paar Kartoffel, die wir hatten, die mussten wir essen. Da hat man vermeiden müssen, krank zu werden, sonst hat man halt leben müssen damit, damals war ja jeder zweite krumm und schief und „tscherget", heute haben die alten Leute eine Rente, heute sind auch die Alten lange gesund und gepflegt. Früher haben sie einfach verharren müssen am Hof, da war nicht nur kein Geld für Medizinen, da war auch nicht die Zeit, sich um die Alten zu kümmern, da hatten die Jungen viel zu viel Arbeit. Da gab es kein Altersheim, da musste man zu Hause bleiben, ob man gemocht wurde oder nicht.

Nach dem Krieg habe ich bald einmal geheiratet, 1949, sechs Kinder haben wir bekommen. Den Hof übernommen hat der zweite, der Franz, der Älteste hatte nicht so ein Interesse. Die Jungen heute haben es schon leichter. Wir haben mehr gebetet, aber wir haben auch mehr folgen müssen. Heute dürfen die Eltern die Kinder nicht mehr schlagen, und die Lehrpersonen auch nicht, sonst wird eine Anzeige gemacht, das ist eh gut, früher aber war das anders, da haben die Kinder auch unschuldig Schläge bekommen. Wenn ein Kind gesagt hat, ich habe das und jenes gesehen oder der hat mir das und jenes getan, dann hat es geheißen, Schnauze halten, sonst bekommst du eine Watsche. Heute reden sie öffentlich davon, was in der Kirche und bei den Geistlichen passiert ist, aber wenn das unsereiner als Kind erzählte, dann bekam man von den eigenen Eltern Schläge. Und die Geistlichkeit hat das ausgenutzt, in der Kirche, im Pfarrhaus, überall. Das war eine Unterdrückung damals, bis in die siebziger Jahre, bis dahin waren die Menschen Sklaven, hou, das war so. Sklaven der Kirche, von wegen Glauben und heiliges Land Tirol. Auf der Kanzel sind sie gestanden und haben beim Predigen oft derart gefuchtelt und auf das Geländer dreingeschlagen, dass man Angst haben musste, dass sie indergaling herunterfallen.

Vier Pfarrer sind damals in St. Leonhard gewesen und zu Ostern ist auch noch ein Bußprediger dazu gekommen, daran kann man sehen, was für einen Zulauf und was für eine Macht die Kirche hatte. Und wir mussten halt folgen, da sind wir noch in Zweierreihen angestanden, um zu beichten, und wenn der eine Geistliche den Beichtstuhl verließ, um die Messe zu lesen, da konnte man in der anderen Reihe wieder von vorne anstehen, wie beim Barras, beim Militär. Fast jeden Sonntag ist man beichten gewesen, ich weiß gar nicht mehr, was ich da alles erzählte, was hätte ich denn schon anstellen sollen, aber beichten musste man. Und bevor man zur Kommunion ging, durfte man sich mit Wasser den Mund ausspülen, sonst nichts. Heute kann man ein Schweinernes essen und einen Liter Wein trinken und bekommt trotzdem die Kommunion. Und nach der Beichte haben sie uns immer das Gewisse zu beten aufgetragen. Und so haben wir auch mitgetan und alles geglaubt, auch das, was die Geistlichen uns sagten. Erst als ich eingerückt bin mit meinen schweren Bergschuhen und alle mich so sonderbar anschauten, und deren Schuhe ganz anders waren, habe ich mitbekommen, dass nicht alle vom gleichen Honig sind, da hab ich schon gestaunt, wie viel gescheite Menschen es gibt, von denen man lernen kann, wenn man will.

Den Kindern hat man dauernd eingeprägt, da sind die Hexen und da wartet der Teufel, und wir haben alles geglaubt und hatten immer Angst, wenn es draußen dunkel wurde. So sind wir auch immer pünktlich daheim gewesen. Mit der Angst hat man früher die Kinder schon folgsam gemacht, die Kirche hat ja auch mit der Angst regiert. Heute müssen sie anders tun mit der Jugend, sonst kommt ihnen bald niemand mehr ins Gotteshaus.

Wir hatten damals noch ein Schulhaus hier in Glaiten, da hatten wir nur ein paar Minuten Schulweg. Manchmal hatten wir auch am Nachmittag Schule anstatt am Vormittag, weil das Schulhaus war nur ein kleines Hüttl und wir waren im Durchschnitt vierzig Kinder, da hatten nicht alle Platz in einem Raum und man musste die Kinder aufteilen. Bei uns in Glaiten sind ja auch die Kinder vom Schloßberg und von Schlattach Schule gegangen, die Kinder von Schlattach hatten einen ganz schlimmen Schulweg, das war ein ganz schmaler Steig entlang einem Abgrund, da ist auch ein Neffe von mir abgestürzt, das ist jetzt genau zwanzig Jahre her, erst elf war er, und das vor den Augen seiner Mutter, die mit ihm Brennholz holen gehen wollte. Das geschah genau am Schulweg, an dem die Kinder jahrzehntelang unbeaufsichtigt hin und her mussten.

Die Mutter hat schon in aller Herrgottsfrüh eine Brennsuppe oder ein Mus vorbereitet, nachdem sie mit dem Vater die Stallarbeit erledigt hat. Sie ist von Zimmer zu Zimmer gegangen und hat gerufen, raus vom Nest. Bei uns war es eh ein bisschen besser, aber in anderen Familie mit vierzehn, fünfzehn Kindern – davon gab es ja einige früher – haben sie zu zweit auf einem Strohsack geschlafen und das war nicht lustig für die Geschwister, die mit einem Bettnässer beinander liegen mussten. Da hat einer dem anderen völlig das Hemd durchnässt. Und wenn man nicht fleißig war und das Stroh nicht andauernd gewechselt hat, hatte man die Würmer drinnen.

Spielsachen besaßen wir keine, die Mädchen vielleicht selbstgenähte Puppen und wir höchstens ein paar Specker, die wir in Löcher schlugen oder rollen ließen, gespielt haben wir mehr mit der Natur, im Wald, mit dem Wasser. Aber nicht viel, sobald wir ein bisschen selbständig waren, haben wir das Vieh hüten müssen, da blieb nicht viel Zeit übrig: arbeiten und folgen, was der Vater uns hieß.

Kinder sind ja gern unter Kindern, das war früher nicht anders als heute, aber auch das ging nicht so ohne weiteres. Wenn wir mit den Nachbarskindern spielten, passte das mindestens einem Teil der Eltern nicht und die verboten es dann. Da sind die Eltern eigens auf den Hof der anderen gegangen, um zu sagen, die spielen da miteinander, das geht nicht gut, hou. Das war halt so, damals waren die Eltern wegen jedem Blödsinn miteinander verstritten. Da hat man sich auch nichts draus gemacht, wer etwas anstellte, da haben die Eltern schon auch fremde Kinder am Schopf genommen und wir wurden auch von anderen gewatscht, da hat man keinen Unterschied gemacht, ob das die eigenen Kinder waren oder fremde.

Mei, wie das früher war. Da sind die Mütter immer in Herrgottsfrüh zur ersten Messe hinunter, im Winter genauso wie im Sommer, und die Frauen hatten früher ja keine Rösser, die haben ihre langen Kittel gehabt und wenn sie dann am Vormittag von der Messe nach dem langen Marsch wieder herauf kamen, hatten sie die Knie blutrot vor Kälte und Nässe. Und trotzdem sind sie immer gegangen.

Die Frauen haben schon drauf gezahlt damals. Und alle Jahre ein Kind womöglich, sonst kam der Pfarrer und fragte, hallo, was ist da los. Damals sind ja viele Mütter bei den Geburten gestorben,

Das Heu von der Alm zum Hof bringen war winters und sommers eine schwere Arbeit. Im Winter erleichterte der Schlitten die Mühe.

Sepp Auers Schwiegertochter Ida hatte das Rehkitz mit der Flasche aufgezogen, nachdem es bei der Heumahd verletzt worden war.

und dann haben die Familien noch mehr mitmachen müssen. Wenn keine Mutter mehr ist und die Kinder klein sind, dann ist die Hölle los. Aber das war so, die durften sich nicht schonen und wurden auch nicht geschont. Meine Eltern haben lange gelebt, beide. So viel hat meine Mutter mitgemacht und ist trotzdem noch über achtzig geworden. Das ist alt für diese Generation, zumal sie ja so viele Kinder hatte und eigentlich ihr Lebtag lang Sorgen und Not. Eine Mutter muss sowieso mehr mitmachen als ein Vater, das ist heute noch genauso, zuerst kommt immer die Mutter oder die Mama, sie ist das, was alles zusammenhält, aber das kostet auch viel Kraft.

Heute wissen Vierzehnjährige schon viel mehr als wir damals wussten mit zwanzig. Wir wussten mit zwanzig noch gar nicht, dass Frauen anders gebaut sind als Männer. Obwohl wir auf so engem Raum miteinander aufwuchsen, glaubten wir die längste Zeit, es gibt nur Buben und die Mädchen glaubten, es gibt nur Mädchen. Heute sind die Vierzehnjährigen schon aufgeblüht, damals wussten wir das bleckete Nichts.

Das meint man ja heute gern, dass wir Bauernkinder alles automatisch mitbekamen. Wenn früher eine Kuh gedeckt wurde oder ein Kalb bekam, dann hat es geheißen, geht weg, nicht zuschauen. Als meine Geschwister geboren wurden, wurde ich immer weggeschickt.

Bei meinen Kindern ging die Frau immer hinunter ins Dorf nach St. Leonhard, dort hat sie in einer kleinen Wohnung gewartet, bis das Kind kam. Zu uns herauf hätte die Hebamme viel zu viel Zeit verloren. Zuerst bekam sie vier Töchter, wobei die zweite nach drei Monaten starb, dann drei Söhne. Beim ersten Sohn ging es früher los und so schnell, dass sie es nicht mehr hinunter geschafft hat, er ist auf der Straße geboren worden. Da hatten wir noch kein Auto, weil wir ja auch keine Zufahrt zum Hof hatten, da sind wir zunächst durch den Wald zur Hauptstraße und dann auf der Straße weitergegangen, ohne die übliche Abkürzung zu nehmen. Und da hat meine Frau dann den Valentin geboren, am Heiligdreikönigtag, mitten im Winter, auf der Straße. Die Schwiegermutter war auch dabei, die hat schnell die Nabelschnur abgeschnitten und das Kind in eine Huder, ein Tuch, eingepackt und ist damit zum nächsten Nachbarn gelaufen, das Kind zum warmen Ofen hinhalten.

Die Zufahrt haben wir erst in den siebziger Jahren bekommen, den Strom kurz zuvor, da hatten wir keine Kühltruhe und überhaupt keine Geräte, die mit Strom betrieben wurden. Ich kann es mir selbst nicht mehr vorstellen, wie das war ohne Licht und Strom.

Ich kann mich aber noch gut erinnern, wie ich das erste Mal mit dem Auto herauf gefahren bin, als Beifahrer, nicht als Chauffeur, selbst habe ich den Führerschein nicht mehr gemacht. Da hab ich mir gedacht, das ist aber angenehm, viel angenehmer als zu Fuß die zwei Stunden gehen. Unsere Kinder haben alle geschwind den Führerschein gemacht, ohne Auto geht es heute ja nicht mehr. Ich habe auch nie Traktorfahren gelernt, unsere Wiesen sind ja extrem steil, da muss man es schon gut können, sonst ist es zu gefährlich, und die Jungen waren da von Anfang an viel geschickter. Wir haben die Äcker früher immer mit den Pferden bearbeitet, wir hatten immer zwei Noriker, die Haflinger wären zu schwach gewesen, und manche haben sich Ochsen gezüchtet, die gehen langsam wie eine Schnecke, aber stark waren sie.

Wenn ein Kleines auf die Welt gekommen ist, ist man früher am selben Tag, bei jedem Wetter, die zwei Stunden den Berg herunter ihm ein Wasser über den Kopf schütten, damit es nicht ungetauft stirbt. Und dabei ist es tatsächlich mitunter gestorben, weil es eben gleich nach der Geburt durch die Kälte zur Taufe getragen wurde, anstatt bei der Mutter zu bleiben und sich von der Geburt zu erholen. Und wenn es dann gar noch vor der Taufe starb, konnte es nicht einmal gescheit am normalen Friedhof beerdigt werden, was soll denn so ein frisch geborenes Etwas denn schon Schlimmes vollbracht haben? Sind das nicht Sachelen? Hoila!

Und wenn die Mütter das Kleine bekommen haben, dann sind sie auch noch gekommen – aussegnen. Ja, da hätten die Geistlichen doch gescheiter der Frau ein bissl ein Geld gebracht oder ein Brot. Was hat sie denn verbrochen, wenn sie da eh jedes Mal die Hölle mitgemacht hat, bei jeder Geburt. Die Unterdrückung schon, die ist damals viel zu viel gewesen. Und heute herrscht zu viel Wohlstand, heute ist auch nicht alles gut. Ein Mittelmaß wäre am besten, aber das gibt es nicht, es ist so oder so.

Ich bin sehr zufrieden, wie es mir so geht. Man muss sich halt auch umstellen können, man muss nicht alles gutheißen, was Mode ist, aber ein bisschen flexibel sein muss man schon. Nicht zu viel, aber normal. Früher haben die alten Leute zerflickte Hosen angehabt und mit siebzig waren sie alt. Mit siebzig ist man heute nicht mehr alt, mit siebzig war ich noch voll fit. Damals haben sie im Winter immer zu kalt gehabt, das ist für alte Leute ganz schlimm. Es waren schon auch härtere Winter. Ich weiß noch, dass ich in den ersten Wintern nach der Hochzeit den Schnee vom Dach räumte, damit er es nicht eindrückte, das Wetter hat sich tatsächlich in den letzten Jahrzehnten verändert. Früher hat es im Winter so geschneit, dass die Lawinen links und rechts und vor uns ins Tal donnerten, das war ein Lärm, da hatten wir immer den Schreck in den Gliedern. Heute kommt mir vor, sind die Jahreszeiten nicht mehr so ausgeprägt, aber man hat auch andere Möglichkeiten. Ich habe ein paar Kollegen, die jammern, dass sie immer zu kalt haben, aber heute muss man nicht mehr zu kalt haben. Ich habe ein normales Zimmer, frisch und ungeheizt, weil ich das so brauche, aber ich habe mir eine Heizdecke gekauft und die schalte ich am Abend ein und wenn ich schlafen gehe, schalte ich sie aus, dann habe ich es fein und gemütlich. Warum sollte ich freiwillig frieren?

Wir sind ja nicht mehr im Früher, wo die Schindeldächer nicht isoliert waren und der Wind im Winter den Schnee durch die Öffnungen trieb, dass in den Kammern alles weiß war, in denen man schlief. Wir haben nie im Unterdach gewohnt, uns ist das nie passiert, aber anderen schon. Die hatten dann auch das Eis im Nachttopf in der Früh, so kalt waren die Zimmer. Damals ging es nicht anders, aber warum sollte man sich heute nicht bequemer betten?

Und dann muss man sich ein wenig pflegen, schauen, dass es einem gut geht, auf das Gewand schauen, sich waschen, rasieren. Einen Hut trage ich fast immer, seit ich klein bin, das war früher so Brauch. Ohne Hut komme ich mir entblößt vor, ich nehme ihn nur in der Kirche ab und daheim. Wie eh und je sitze ich ganz hinten in der Kirche in der Bank mit den anderen Männern. Meine Frau saß immer weit vorne bei den Frauen, wir sind nie zusammen in der Kirche gesessen, solange sie noch lebte. Heute ist das anders, die Jungen sitzen immer zusammen. Meine Frau ist vor drei Jahren gestorben, jetzt bekocht mich die Schwiegertochter, aber da habe ich schon eine rechte bekommen.

Wenn meine Frau noch leben würde, wären wir sechzig Jahre verheiratet. Das Fünfzigjährige haben wir noch gefeiert.

Der Vater hat nie etwas ändern wollen

Josef Egger und Katharina Andergassen,
Enderbach/Jenesien | Kaltern → Enderbach/
Jenesien

Josef Egger und Katharina Andergassen leben auf dem Rempp-Hof in Jenesien. Der Hof liegt in Enderbach und wo Enderbach liegt, sagt der Name: hinter dem Bach. Oberhalb von Jenesien teilt sich, beim Tschögglberger-Hof, die Straße, rechts ab geht es in weiten Schleifen tief in eine Schlucht, wo ein paar Höfe mit Blick auf das Sarntal liegen, dann in einer langen Schleife nach oben, dort liegt Nr. 7, der Rempp-Hof, ein großes Schild vor dem Haus, das auf die Ferienwohnungen hinweist; ein Stadel verdeckt das wuchtige Wohngebäude. In einer Mauernische ist eine Muttergotteskapelle eingerichtet. Der Sohn arbeitet draußen auf der Wiese, die alten Bauersleute warten in ihrer Wohnung, an der Wand allerhand Urkunden. Der Hof hat Geschichte: Ein „Remphof" wird 1592 erstmals urkundlich erwähnt, 1649 ist vom „Rempenhof" die Rede, später vom „Rempphof", die Schreibweise, an die sich die derzeitigen Bauern halten. Josef Egger ist am 1. Juni 1926 auf dem Rempp-Hof geboren, Katharina Andergassen am 23. Mai 1929 in Kaltern.

Ich bin hier auf dem Rempp-Hof aufgewachsen und geboren, so wie schon mein Vater Johann Egger hier aufgewachsen ist. 1811 hat ein Johann Egger den Hof gekauft, somit erreichen wir 2011 die 200 Jahre, in denen der Hof immer im Besitz ein- und derselben Familie war und als Erbhof eingestuft wird. Der Hof selbst ist viel älter, da hat man alte Urkunden gefunden, und er hat immer Remp oder Rempp oder Rempen geheißen, vom Erbauer vermutlich. Remp gibt es ja auch anderswo, einmal hat uns ein deutsches Ehepaar, das in Meran lebt, deswegen besucht, weil sie auch Remp heißen. Und einmal muss er abgebrannt sein, weil wir beim Umbau des Stadels auf den alten Steinen noch Spuren vom Feuer bis zum Dachstuhl hinauf gefunden haben. Da hat man auch eine alte Schrift gefunden, in der geschrieben steht: „… wurde vom Feuer abgebrannt und in dreizehn Tagen hat man ihn neu erkannt". Ob das stimmt, weiß ich nicht, ich kann es mir nicht vorstellen. Das war lange vor unserer Zeit.

Seine Mutter stammte von Goldegg beim Schloss Rafenstein, Anna Wieser hat sie geheißen, ihre Eltern haben damals Goldegg gekauft. Da waren drei Schwestern und sieben Buben. Die Buben haben alle nur wenige Kinder bekommen, aber von den drei Schwestern hatte jede zwölf Kinder. Ja, und wie es so sein will, hat der, der alles geerbt hat, nur eine Tochter gehabt.

Ja, wir waren zwölf Kinder, ich war der Zweite, der Älteste ist vom Krieg nicht mehr zurückgekommen. Sonst wäre er Bauer geworden, wie es halt so war. Er hat auch Johann geheißen wie der Vater. Das war die Reihenfolge: Johann, Maria, Sepp, das bin ich, Anton, Matthias, Alois, Franz, Anna, Sebastian, Andreas, Klara, Cäcilia. Die älteste Schwester, die Maria, hat einen Erbbauern geheiratet, den Schmidbauer, die zweite, die Anna, einen Pächter, die Klara einen Kleinbauer, einen Bruder vom Schmidbauer, und die Cäcilia hat auch einen Bauer geheiratet. So sind alle Schwestern gut untergekommen, die eine etwas besser, die anderen aber auch ganz gut. Von meinen Brüdern hat der Anton ein Stück von diesem Hof bekommen, der Matthias ist als Knecht ins Sarntal gegangen und dort hat er dann später bei einem kleinen Hof eingeheiratet. Der Alois hat eine Frau geheiratet, die Obst- und Weinbau hatte. Der Franz hat das Binderhandwerk gelernt, der ist in St. Pauls ansässig geworden. Der Wastl hat das Zimmermannhandwerk gelernt und ist nach Kaltern, wo auch meine Frau herkommt. Und der Andreas ist lang auf dem Hof geblieben wie ich und hat kein Handwerk gelernt, aber dann ist er ein guter Maurer geworden.

Wir waren sechs Kinder, eine Bauernfamilie, wie es im Überetsch so ist, Obst und Wein. Da war ich, dann kommt die Martha, dann der Luis, der den Hof übernommen hat, dann die Irma, die hatte Kinderlähmung, hat aber studiert und eine Stelle bei der Bank bekommen, dann der Gotthard, der hat auch studiert, Jus, der ist bei der Gemeinde Bozen, der ist auch geschichtlich interessiert und hat schon einiges geschrieben, über Kellereien, über den Mendelpass und über den Waltherplatz, da ist erst ein Buch herausgekommen. Die Martha und ich haben daheim gearbeitet, bis wir halt geheiratet haben, die Martha hat einen Metzger auf dem Ritten bekommen. Und ich habe halt hierher geheiratet, auf den Rempp-Hof.

Ja, aber das war erst viel später. Als ich da angefangen habe, war nicht mehr viel los mit dem Hof. Wir hatten Äcker, aber da hat fast nichts mehr herausgeschaut und schon gar nicht so, wie mein Vater gewirtschaftet hat. Er hat sich halt so über Wasser gehalten, indem er ein bisschen Holz gehackt und verkauft hat. Und vom Getreide haben wir grad und grad gelebt, vom Brot, das man selbst gemacht hat. Auch gemahlen haben wir selber. Das meiste war Roggen, der Weizen hat in dieser Lage nicht gut getan, auch Buchweizen nicht, den haben wir kaufen müssen für die schwarzplentenen Knödel. Die gab es fast jeden Tag, weiße Knödel nur am Sonntag.

Vor hundertfünfzig Jahren waren die Äcker die Haupteinnahmequelle, aber das hat mit der Eisenbahn aufgehört, weil die Konkurrenz zu groß geworden ist, da hat man das Getreide kaum noch verkaufen können. Aber umstellen hat auch niemand wollen, die Viehzucht hatte hier fast noch keine Bedeutung. Wir hatten fünf Kühe, ein paar Ochsen und ein Pferd für die Ackerarbeit.

Der erste technische Fortschritt für Sepp Egger waren Gummiräder für den Rosswagen, dann kam ein Einachser, schließlich der erste Traktor.

Junges Glück nach langem Warten auf die Hofübergabe. Für Katharina Andergassen begann aber die nicht leichte Zeit des Zusammenlebens mit der Schwiegermutter.

Immer so getan, als wäre es sein Hof – Sepp Egger aber musste lange warten, bis er wirklich Bauer war.

Als ich vom Krieg und von der Gefangenschaft zurückkam und mein Bruder nicht, da habe ich mir gedacht, jetzt trifft es mich, den Hof zu übernehmen, später einmal. Also habe ich mir Gedanken gemacht, wie ich es besser machen könnte, wie ich mehr herausholen könnte aus dem Hof. Deshalb wollte ich eine Landwirtschaftsschule besuchen – wollte ich! Aber damals musste man sich die Schule selber zahlen und der Vater hat gesagt, das braucht es nicht. Da war halt nichts mit Schulegehen ... Aber ich abonnierte den „Landwirt", die Bauernzeitung, und da war immer wieder ein Buchkatalog drinnen mit Büchern wie „Erfolgreiche Grünlandwirtschaft", „Erfolgreiche Viehzucht" und so ähnlich. Diese Bücher habe ich mir nach und nach besorgt um zu schauen, was nützlich wäre, was man verbessern könnte, was man verwenden könnte.

Sobald ich etwas probieren wollte, war der Vater dagegen. Er wollte nur, dass immer alles gleich weitergeht. Das ging aber nicht mehr, spätestens als die Europäische Wirtschaftsgemeinschaft gegründet worden ist, die EWG, war mit dem Getreide nichts mehr anzufangen, da hat man umstellen müssen. Ich habe mir gedacht, es muss doch möglich sein, vom Vieh mehr herauszukriegen. Und so habe ich ein paar Äcker zu Wiesen gemacht, damit wir mehr Vieh halten konnten. Und als der Grauviehzuchtverband gegründet worden ist, habe ich als einer der ersten mitgemacht. Am Anfang waren es nur ein paar, die meisten haben mich ausgelacht, aber mit der Zeit sind es mehrere geworden. Der Vater hat mich im ersten Moment tun lassen, aber dann hat er wieder aussteigen wollen, als es nicht sofort ein Erfolg war. Zum Glück ist es bald aufwärts gegangen, wir haben eine Genossenschaft gegründet, um uns gegenseitig zu helfen und die Zucht zu verbessern und die Vermarktung in Schwung zu bringen. Und als dann auch der Bürgermeister mitgemacht hat, der alte Plattner, ist es richtig aufwärts gegangen. Ich war dann lange Obmann der Grauviehzuchtgenossenschaft Jenesien, da war am Anfang die Fraktion Nobls auch noch dabei, später gab es da ein bisschen Uneinigkeiten, da haben sie sich selbst eine Genossenschaft gemacht, aber das war auch in Ordnung.

Ein großer Fortschritt war die Viehversicherung 1966. Das gab es vorher nicht, wenn eine Kuh verunglückt ist, dann hatte der Bauer Totalschaden. Nun wurde das verendete Vieh geschätzt und von diesem Schätzwert hat er achtzig Prozent bekommen, unabhängig davon, ob das Fleisch verwendet werden konnte oder nicht. Da wurden auch Viehschäden durch Notschlachtungen mitversichert, zum Beispiel wegen Euterentzündungen, die immer noch gefährlich sind.

Wir haben erst jetzt wieder einen Fall, dreimal war der Tierarzt schon da, eine gute Kuh, aber es trifft nur die guten. Wenn eine Kuh weniger Milch gibt, kriegt sie fast nie diese Krankheit. Woher es kommt, wissen wir nicht. Oft kommt es von den Melkmaschinen, wenn sie nicht sauber sind oder falsch eingestellt, aber wir haben sie extra putzen lassen ... Aber die Krankheit hat es auch früher schon gegeben, als es noch keine Melkmaschinen gegeben hat. Jetzt müssen wir sie wegtun, die Kuh, mit der Milch kannst du nichts mehr anfangen, die müssen wir wegschütten.

Die Milch zu verkaufen, war ich im Dorf hier der erste. Die meisten haben mich ausgelacht, die Milch hat früher ja keiner verkauft, die hat man nur für sich verwendet und zum Buttermachen. Da haben sie halt das bissl Butter verkauft. Angefangen habe ich 1953, da bin ich jeden Tag vom Hof mit dem Rossfuhrwerk bis zur Seilbahn gefahren, alle Tage mit der Milch in den schweren Blechkandeln, eineinhalb Stunden war ich unterwegs. Bei der Seilbahn habe ich die Kandeln übergeben und unten hat sie jemand vom Milchhof übernommen. Ich habe versucht ein paar andere Bauern zu überzeugen, damit mehrere mitmachen, weil das immer ein Vorteil ist, allein schon den Transport gemeinsam zu organisieren mit ein paar anderen, wäre eine Hilfe gewesen. Aber am Anfang haben die Leute nur gelacht oder waren neidisch. „Den raumt's, den Remp", hat es geheißen.

Ich hatte ja nicht einmal einen ordentlichen Weg hinunter zur Seilbahn, da ist es kerzengerade hinter dem Hof hinuntergegangen. Zuerst habe ich mir einen Rosswagen mit Gummirädern gekauft, das war schon eine Neuheit. Vorher waren die Räder mit Eisen beschlagen, aber mit Gummi ging es viel besser auf dem steilen, rutschigen Weg, auch leichter zu ziehen für das Ross. Zwei Jahre später, 1955, habe ich mir einen motorbetriebenen Einachser, einen Holder, zugelegt, da war nur die eine Achse und eine Ladefläche, aber wenigstens war ich etwas schneller unterwegs und hatte weniger Mühe als mit dem Rossfuhrwerk. Das nächste war dann ein Traktor. Aber der Weg war so schlecht! Wenn's im Sommer gewittert hat, hat es den ganzen

Weg weggespült, dann habe ich wieder zwei Wochen geschuftet, um ihn herzurichten, und kaum war er wieder in Ordnung, hat ihn der Regen wieder weggespült. Und im Winter war es ganz schwierig hinunter zu kommen. Ich hätte gern den Weg so gebaut, dass er weniger steil gewesen wäre, aber einer der Besitzer, durch deren Grund ich durchfahren musste, hat mich nicht lassen, behalt die Milch daheim und bleib oben, hat er gesagt. Da ist mir die Idee gekommen, den Weg nicht mehr hinunter, sondern auf die andere Seite hinüber zu bauen und einen Bogen ins Dorf hinunter zu schlagen.

Da hattest du schon den Haflinger gekauft, den Steyr-Puch mit dem Allradantrieb und der geschlossenen Kabine ...

Ja, weil im offenen Traktor bin ich oft furchtbar nass geworden, die Milch musst du ja bei jedem Wetter führen, aber um einen besseren Weg kam ich nicht herum. Da habe ich an einem Sonntagvormittag alle Besitzer zusammengerufen, die dafür notwendig waren. Versammlungen musste man am Sonntagvormittag machen, am Abend oder unter der Woche hättest du keinen zu sehen gekriegt. Mitziehen hat keiner wollen, aber wenigstens hat mir keiner Prügel in den Weg gelegt, der wichtigste Besitzer auf dieser Strecke war ein guter Mensch, der hat mich durchfahren lassen. So habe ich einen Bagger bestellt und den Weg auf eigene Kosten gebaut. Als dann mehrere gesehen haben, dass sie einen Nutzen haben, hat mir der eine oder andere plötzlich doch geholfen. Wir haben ihn schön eingeschottert und hatten unseren Weg. Später ist von einem Schwager der Bau eines zweiten Weges von unten herauf betrieben worden, da bin ich zur Versammlung und habe gesagt, ich würde auch gern mittun, aber nur unter der Bedingung, dass wir die Wege zusammenschließen und einen Ring bilden. Da waren alle einverstanden. Deshalb kommt man von beiden Seiten des Baches hierher, das ist für alle ein Vorteil. Das ist schon eine Freude zu sehen, wie viele einen Nutzen von diesem Weg haben, nicht mehr wegzudenken wäre er.

Mit der Trinkwasserleitung ist es ähnlich gegangen. Ganz früher ist ja das Wasser mit den offenen Holzrohren zu den Höfen gekehrt worden, das war dann kein gutes Trinkwasser mehr, bis es beim Hof war, unterwegs ist ja Sand und alles Mögliche hineingekommen. Mein Großvater hatte teilweise schon Eisenrohre legen lassen, das war eine Leistung damals, aber diese Rohre waren alle verrostet und mussten ausgetauscht werden. Ich habe dann geschaut, dass ich mit einem Nachbarn eine Lösung finde. Der hat am Hof kein Wasser gehabt, sondern hat es immer bei der Quelle holen müssen. Da haben wir geschaut, dass er das Wasser durch die Leitung bis zum Haus bekommt, und dafür hat er mir eine Quelle überlassen, die ich ihm abgekehrt habe, was für ihn auch ein Nutzen war. Ich habe sie neu eingefasst, ein Reservoir angelegt und die Leitung erneuert, so dass wir gutes Trinkwasser hatten. Die Wassergenossenschaft für Enderbach hat mein Schwager gegründet, der konnte aber wegen einer Querschnittlähmung nichts mehr tun und da habe ich alles übernommen. Da gab es dann auch Schwierigkeiten mit Nachbarn, die zwar das Wasser für sich schon gern wollten, aber niemand durchlassen wollten. Es hat dann eine Versammlung gegeben, wo die Gegner sich vorher absichtlich einen Rausch angetrunken haben, um ordentlich gegen uns aufzutreten und richtig zu schreien. Aber dann habe ich gesagt, wenn nicht alle die Trinkwasserleitung durchlassen, trete ich zurück. Und da ist es dann plötzlich gegangen, ich selbst hatte ja nichts davon, weil ich schon die eigene Quelle hatte.

Ich habe mir immer gedacht, wenn es allen besser geht, dann geht es auch für mich aufwärts. Als ich mir die ersten Maschinen gekauft habe, gab es noch keine Subventionen. Die anderen, die nach mir kauften, haben Geld bekommen, ich nicht, denn ich habe ja alles schon gekauft. Aber das war mir gleich, denn ich dachte mir: Du hast dafür schon den Nutzen gehabt. Mir ist einfach vorgekommen, man muss sich umstellen, und deshalb habe ich immer versucht, die anderen dafür zu gewinnen. Beim Bauernbund war ich Obmannstellvertreter, bei der Mila Gebietsvertreter. Auch bei den katholischen Verbänden war ich von Anfang an dabei, zuerst bei der katholischen Jugend, dann bei der Männerbewegung. Da habe ich mich eingesetzt, dass auch bei uns heroben ein KVW gegründet wird, ein Verband für die Werktätigen. Das war auch für uns Bauern wichtig, es hat ja keiner eine Rente gehabt, weder Bauer noch Knecht. Da haben wir schauen müssen, dass sie sich versichern wegen der Altersrente, damit sie im Alter nicht mit gar nichts dastehen.

Im Altersheim warst du auch tätig, bei der Gemeindefürsorge, weil die haben Schulden gehabt.

Ja, da war ich lange dabei. Vorher war da eine alte Führung, die hat sich um das Finanzielle nicht so gekümmert, und als ich hineingekommen bin, habe ich geschaut, dass noch ein paar andere Junge nachkommen. Das Altersheim hat einer Stiftung gehört, die hatte einen ordentlichen Wald, der aber völlig ungenutzt war. Damals hatte das Holz ja noch ein bisschen einen Wert, und so haben wir durch gutes Wirtschaften und mit dem Holzverkauf die Schulden in den Griff bekommen.

Nur vom Vater hast du keine Anerkennung bekommen ... da hat er es nicht so gut gehabt.

Was auch immer ich besser gemacht habe, es ist immer alles falsch gewesen. Er hat mir auch den Hof nicht übergeben wollen, er wollte ihn einem anderen übergeben. Wo gehst du dann hin, hat er mich gefragt. Ich habe nie gewusst, muss ich gehen oder gehöre ich noch daher.

Weil du halt den Hitler nicht angebetet hast.

Er ist so ein fanatischer Nazi gewesen, in den fünfziger Jahren noch hat er den Hitler im Kopf gehabt. Er hat im Ernst geglaubt, der Hitler lebt noch. Glaubst du, der lebt nicht mehr? Meinst du, der ist nur ein Mensch wie die anderen?, hat er mich angeherrscht. Na, habe ich gesagt, er ist nicht ein Mensch wie die anderen, er ist der größte Verbrecher, den die Weltgeschichte kennt. Da hat der Vater gesagt, einem, der den Hitler nicht achtet, kann er den Hof nicht geben. Er hat auch für Deutschland gewählt, aber zum Glück ist es nicht zur Auswanderung gekommen, sonst wäre der Hof weg gewesen. Mit zehn Kindern den Hof aufgeben! 1942 hat es hier wüst geschaurt, das ganze Getreide war hin, da hat der Vater gemeint, am besten wäre, jetzt gleich auszuwandern. Dazu ist es dann nicht gekommen, aber dafür mussten wir Buben in den Krieg, und einer ist nicht mehr zurückgekommen. Ich wurde zum Polizeiregiment Alpenvorland eingezogen und im Belluno eingesetzt, zur Partisanenbekämpfung – ach, hör mir auf! Und dann vom Hitler schwärmen! Uns haben die Partisanen gestellt und an die Amerikaner übergeben, die uns an die Engländer weitergereicht haben, so bin ich erst im August 1946 freigelassen worden, nach den Kriegsverbrechern, weil für die kam eine Amnestie, für uns normale Soldaten nicht. Die Gefangenschaft war schlimm, wir hatten nichts zu tun und wenig zu essen, ich habe immer gesagt: Gebt uns etwas zu essen und viel Arbeit, das ist leichter auszuhalten als hungern und nichts tun können.

Und als ich dann heimgekommen bin, habe ich so gearbeitet, als würde ich den Hof kriegen, obwohl ich eigentlich keine Hoffnung haben konnte. Der Vater wäre nie für mich zurückgetreten als Bauer, und wenn er achtzig geworden wäre. Ich konnte ja nicht einmal eine Frau suchen, bis er gestorben ist. Dann hat er einen Schlaganfall bekommen, 1960, zwei Wochen später war er tot. So hat er nicht mehr selber entscheiden können, wem er den Hof gibt. Es war zwar schon der Brauch, dass der Älteste von den lebenden Kindern den Hof bekommt, aber er hätte ihn auch dem Tüchtigsten geben können, und aus seiner Sicht, wäre sicher nicht ich der gewesen, obwohl ich die ganze Arbeit gemacht habe, ohne einen Lohn, ärger als ein Knecht. Nach seinem Tod habe ich gleich geschaut, es mit meinen Geschwistern auszumachen. Ich habe gesagt, ich gebe jedem eine halbe Million Lire, das war in den sechziger Jahren viel Geld. Weil aber die jüngste Schwester noch minderjährig war, konnte sie das Angebot nicht annehmen, so dass es zu einer Schätzung kam. Ich wusste nicht, was herauskommt, ich dachte mir schon, wahrscheinlich muss ich den Hof zweimal kaufen, weil zuerst habe ich ihn auf meine Kosten verbessert und nach der Schätzung muss ich womöglich noch mehr zahlen. Aber die Schätzung ergab, dass ich um ein Drittel weniger zahlen hätte müssen, jedem nur 300.000 Lire, aber ich habe es dann bei der halben Million belassen.

So war ich endlich Bauer, aber nur, weil der Vater den unerwarteten Schlaganfall bekommen hat, sonst hätte ich alt werden können oder irgendwann gehen müssen. Und da habe ich mir gedacht, jetzt musst du aber schauen, dass du eine findest, sonst wird es gach zu spät, vierunddreißig bin ich damals gewesen. Ich habe angefangen, mich so umzuschauen, als würde ich Ochsen handeln und so bin ich bis nach Kaltern gekommen. Das war halt die Ausrede, dass ich einen Ochsen such, damit ich irgendwohin gehen kann und ins Reden komme ... Ein bisschen habe ich schon gewusst, wo ich fragen könnte. Ich habe den Ochsen halt da gesucht, wo ich wusste, dass es ein nettes Madel gibt.

Das Pferd als Stolz und Hilfe des Bauern: Sepp Egger mit seinem Ross bei einer Pferdeschau in Meran 1949. Das Ross führte er von Jenesien zu Fuß hin und zurück.

Grauvieh als Neuerung: Sepp Egger war eine der treibenden Kräfte im Zuchtverband in Jenesien. Hier bei einer Viehausstellung (der achte von rechts).

Er ist in Sarns gewesen, da hatte der Bischof das Volksbildungsheim eingerichtet und da war ein Kurs, und in dem bin ich auch gewesen. Da haben wir uns kennen gelernt. Und dann ist er nach Kaltern gekommen, um nach einem Ochsen zu fragen ... Ich habe ihn schon hinuntergeführt in den Stall, aber am Ochsen war er nicht sehr interessiert.

Dafür hat sie den Ochs bekommen ... *(beide lachen)*.

Und du die Kuh.

Wir haben schon auch hart arbeiten müssen. Ich hatte ja nicht einmal mehr einen Knecht, mein letzter Knecht war mein Bruder, aber der hat dann mit der Zeit auch mehr verlangt und da habe ich ihm nur sagen können, wenn du irgendwo mehr bekommst, dann bin ich dir nicht böse, aber vom Hof schaut einfach nicht mehr heraus. So ist er Maurer geworden, das verstehe ich auch, dass er nicht Knecht bleiben will, wenn er es anderswo besser hat ... Das war der, der den Hof gekriegt hätte, wenn der Vater selber entscheiden hätte können, das war der Jüngste, den hat er ganz gern gehabt, und so hat er nie etwas gelernt, aber mit dem Maurern ist es dann ganz gut gegangen.

Was für mich nicht leicht war, das muss ich schon sagen: Ich würde nie mehr unter einer Schwiegermutter auf einen Hof gehen, nie mehr. Lieber hätte ich es noch so klein in einer eigenen Wohnung, aber unter der Schwiegermutter in der gleichen Wohnung – nie! Das ist furchtbar, furchtbar. Wir haben jetzt extra zwei Wohnungen gerichtet für die Jungen, damit der Sohn und die Schwiegertochter ihre Ruhe haben. Das war möglich, weil ich den Grund von daheim gekriegt habe ...

Ja, dann hat sie einen Grund gekriegt in Kaltern, weil sie ja lange daheim gearbeitet hat, den haben wir dann zusammen bewirtschaftet, damit wir keinen Pächter brauchen. Ein paar Arbeiten haben wir schon ausgegeben, Spritzen, Schneiden, aber Pächter haben wir keinen drauf lassen müssen. Und dieser Grund ist später Handwerkerzone geworden und gut abgelöst worden. Das war dann schon eine Hilfe für unsere Kinder.

1962 ist der Stephan auf die Welt kommen, der den Hof übernommen hat, 1963 die Imma, das waren beide Siebenmonatskinder, er ist im Jänner gekommen, sie im Dezember. 1965 der Gregor, der leider unter eine Lawine gekommen ist ... er war Skitourengeher ... ja, und 1969 noch der Lukas. Und mit dem Geld von meinem Grund konnten sich alle Kinder Wohnungen kaufen, die Imma in Auer, der Gregor in Albeins, die hat jetzt seine Frau, Kinder hatten sie keine. Und der Lukas ist Schlosser hier in Jenesien. Und mit dem, was noch übrig war und was wir erarbeitet haben, konnten wir das Haus neu aufbauen.

Das alte Bauernhaus war baufällig, das schaut auf dem Foto ganz gut aus, viel besser, als es war. Die großen Räume hast du kaum heizen können und obwohl sie so groß waren, konntest du nirgends einen Kasten hinstellen, so krumm waren die Mauern. Als wir das Dach heruntergenommen haben, ist die hintere Seite zusammengebrochen ... na, na, da war es schon besser neu zu bauen.

Der Stephan und seine Frau haben eine Tochter, die geht Handelsoberschule. Ja ein bisschen in den Stall geht sie schon auch, mit den Schafen hat sie eine Freude, aber die Schafelen sind mehr als Hobby da. Mit dem Urlaub auf dem Bauernhof haben schon wir angefangen, um etwas dazuzuverdienen, jetzt führt das die Schwiegertochter weiter. An Vieh haben wir noch zehn Kühe und neun Kälber, aber zwei kommen weg ...

Der Bub führt den Hof weiter.

Ich hoff, er führt ihn weiter. Na, na, er ist schon tüchtig, er ist auch ganz Bauer, nicht Nebenerwerb. Mit sechs Hektar Wiese ist der Hof zum Dazuverdienen fast zu groß, ohne Urlaub auf dem Bauernhof wäre es aber schwierig. Aber auch das wird immer schwieriger, die Stammgäste hat sie alle noch, aber neue Gäste sind nicht mehr leicht zu bekommen, das Angebot ist ja so riesig geworden, und heut kann jeder überall hinfliegen. Aber die Schwiegertochter hat ja studiert, sie könnte auch etwas anderes unternehmen, und die Enkelin sowieso. Viele in der Gegend probieren es mit Gemüse. Wir haben auch ein bisschen Erdbeeren verkauft, Himbeeren ein paar, aber nicht so viel, eher für den Eigengebrauch. Johannisbeeren wären hier ideal, weil viel Wasser ist, aber da war kein richtiger Absatz. Ja, mit Gemüse probieren es viele.

Na, na, das glaube ich nicht, dass so ein Hof einmal aufgelassen wird, das wird schon weitergehen.

Es hängt auch davon ab, ob die nächste Generation noch eine Freude hat ... welcher Schwiegersohn kommt. Viel schaut ja nicht heraus, man muss mit dem leben, was da ist und fertig. Ja und andererseits haben sie jetzt bei einer Jungbauerntagung gesagt, man kann schon noch leben auf dem Bauernhof, aber man muss sich weiterbilden, dann hat man es schön. Die anderen hucken unten in der Stadt in einem Käfig, wir sind hier an der freien Luft, so haben ein paar geredet, von den Jungen, das ist schon auch wahr.

Ich habe es nie bedauert, obwohl wir hier fünfzehn, sechzehn Stunden jeden Tag arbeiten haben müssen.

Gemäht, bis ich die Arme nicht mehr spürte

Anna Gasser, Runggen → St. Lorenzen/Mauren

Anna Gasser lebt in einem kleinen Weiler bei St. Lorenzen, genannt „die Mauren", gelegen in Moos an der Straße Richtung Maria Saalen, einem wegen seiner schwarzen Madonna bekannten Wallfahrtsort. Von dort weiterfahrend käme man ins ladinische Gadertal, nach St. Martin in Thurn und Enneberg. Beherrschendes Gebäude der Mauren, direkt unter der Michelsburg gelegen, ist der Ansitz „Gaderthurn", auch „Grafenhaus" genannt, weil es eine Zeitlang einem „Herrn von Graf" gehörte. Der alte Ansitz wird, wie neueste Forschungen ergeben haben, bereits um 900 nach Christus in alten Urkunden erwähnt, die Michelsburg – eines der bedeutendsten Schlösser im Pustertal – wurde erst im zwölften Jahrhundert erbaut; dort oben walteten unter der besonderen Gunst der Grafen von Görz die Richter von St. Michaelsburg ihres Amtes.

Anna Gasser wohnt in einem Nebengebäude des Ansitzes. Der Eingang ist schwer zu finden: Ebenerdig ist es ein altes Stallgebäude, mit großem Holzstapel vor dem Haus, allerlei Gerät und verschlossenen Stalltüren. Das obere Stockwerk ist ein Stadel, der zur Hälfte in eine Wohnung umgebaut wurde. Über die Auffahrtsrampe kommt man zum Söller mit dem von einem Gartenzwerg bewachten Hauseingang. Hierher hat sich Anna Gasser zurückgezogen, als sie den mit ihrem Mann mühsam ausgebauten Ansitz Gaderthurn der Tochter überließ, die ihn als Ferienheim weiterführt. Die Wohnung von Anna Gasser ist klein und aufgeräumt, in der getäfelten Stube hängen Erinnerungen an der Wand. Sie bietet „Tschötteblatteln" an, Sauerteigbrötchen mit „Tschötte", einem alten Wort für Quark. Die habe man früher auch schon gemacht, auch die Männer, die „Mander", hätten die gern gegessen, und sie mache sie immer noch, so wie natürlich auch „Niggilan" oder „Nigelen" und „Krapflan". Sie nimmt Fotos von der Wand, wo die Familie ihres Vaters und die Familie ihrer Mutter abgebildet sind – mit Knecht und Dirn, der schönsten Kuh und den Rössern Sie geht die Fotoalben durch, kennt die meisten Knechte noch vom Namen, freut sich über Fotos mit einem einst bewunderten Stier, streicht liebevoll darüber. In der Stube von Anna Gasser wurde 1993 die örtliche Seniorengemeinschaft des Bauernbundes gegründet, acht Leute waren ihrer Einladung gefolgt, sie übernahm die Aufgabe der Kassiererin. Einmal in der Woche trifft man sich zum Seniorentanz, aber in letzter Zeit spielt der Fuß nicht mehr mit, „an irgendetwas muss man ja merken, dass man älter wird".

Ich bin ein paar Tage nach Weihnachten geboren, am 28. Dezember 1925, genau hier gegenüber auf dem Moarhof in Runggen, man sieht das Haus von meinem Fenster aus. Auch meine erste Erinnerung hat mit Weihnachten zu tun. Ich sehe mich fast noch, wie ich durchs Schlüsselloch in die Stube geschaut habe, wo die Eltern gerade den Christbaum hergerichtet haben. Ich habe da schon wohl nicht mehr alles geglaubt, und da habe ich die Eltern gesehen, wie sie herumgeklaubt haben. Am meisten hat mich interessiert, was wir wohl bekommen werden. Und was haben wir bekommen? Ein paar Handschuhe, ein Kappel, ein Mantele vielleicht. Später haben wir

Weihnachten immer mit den Dienstboten gefeiert, da hat jeder von den Dienstboten auch ein kleines Geschenk bekommen.

Nie vergessen werde ich, wie unser Hof abgebrannt ist. Mein Vater hat ihn gerade etwas hergerichtet, das Haus ist aufgestockt worden und das Dach war neu. Am Samstag sind die Zimmerer fertig geworden und in der Nacht vom Sonntag auf den Montag ist alles ratzeputz abgebrannt. Einem Nachbarn war der Hof versteigert worden, da schürte er sein eigenes Haus an, damit es niemand sonst bekommt, und die Funken sprangen leider auf unseres über. 1935 war das, da war ich schon zehn Jahre alt. Damals hat mein Vater den Ansitz hier gekauft, wo wir jetzt sind, damit wir irgendwo bleiben können. Zwei Monate sind wir bei Nachbarn untergekommen, aber mit der Zeit brauchten wir eine eigene Unterkunft. Den Ansitz hat er nicht so teuer bezahlt, 40.000 Lire waren das damals, denn das Gebäude war in einem armseligen Zustand. Aber in der Zwischenzeit konnte er den Moar-Hof neu aufbauen, und das hier, hat er gedacht, müsse er danach sowieso wieder hergeben, er hatte ja auch nicht so viel Geld. Aber dann sind die Verhältnisse besser geworden, da hat er ihn behalten, auch wenn er dann eine Zeitlang leer stand. Denn wir sind ja auf unseren Hof zurückgekehrt.

Der Moar-Hof war ein stattlicher Hof. Mein Vater hieß Johann Graber, meine Mutter war die Anna Kronbichler aus Montal, vom Unterguggenberghof, wo die meisten Kronbichler herstammen, auch die Reischacher. Wir haben fünfundzwanzig bis dreißig Stück Vieh gehabt, das war schon ein größerer Bauernhof, eine Alm war auch dabei. Wir haben zwei Fütterer gehabt, die das Vieh versorgten. Dann gab es noch den Großknecht und den kleinen Knecht. Der Großknecht durfte schon ein bisschen schaffen, der kleine Knecht musste tun, was angeschafft wurde. Vom alten Haus gibt es sogar noch Fotos, das hat man sich damals manchmal vermögt. Wie schön sie da alle angezogen sind, auch die Knechte sind mit drauf und die schönste Kuh und das Ross. Die Rösser, die waren unser Stolz.

Auf einem Foto vom alten Haus sieht man das zum Trocknen ausgehängte Goden, das gesponnene Leinen. Wir haben den Flachs selber angesät, er wurde ungefähr einen Meter hoch. Geerntet haben wir ihn, sobald die ersten Samenkapseln gelb wurden, denn wenn man zu lange wartet, wird das Leinen nicht gut. Der Flachs durfte auch nicht gemäht werden, sondern musste „gerauft", samt den Wurzeln ausgezogen werden, da sonst die Fasern beschädigt worden wären. Als erstes wurde er „gerostet" oder „geröstet", dann gebrechelt, geschwungen, gehachelt und schließlich gesponnen. Vor dem „Rosten" mussten noch mit einer Riffel die Samen abgezogen werden, danach kam der Flachs in die Röste. Ich habe gelesen, dass das meist mit Wasser gemacht wurde, in Teichen oder Gräben, in denen das Wasser nicht zu schnell floss; bei der Tauröste hat man den Flachs auf dem Feld ausgelegt. Durch die Feuchtigkeit fermentierte der Flachs, so dass die Leithalme leichter herausgearbeitet werden konnten. Danach wurde er zum Brecheln getrocknet. In unserer Gegend hat man aber den Flachs wirklich „geröstet", da hat man das Hanfloch gegraben, ein Feuer darin gemacht, Stecken darüber gelegt und darauf den Leinen ausgebreitet. Vielleicht hat man auch beides hintereinander gemacht, zuerst die Gärungsprozesse im Wasser, dann das Trocknen, aber ich kann mich nur an das Feuer erinnern. Danach war er leichter zu brecheln. Dabei wurden die gedörrten Pflanzenfasern mit Holzbrecheln geknickt, so dass sich die Fasern von den holzigen Anteilen abtrennen haben lassen. Dazu wurden die Fasern geschwungen und schließlich eben gehechelt. Da zog man sie durch ein mit Nägeln beschlagenes Eisen, den „Hachelstock" oder „Hechelstock". Durch das Hecheln wurden die letzten holzigen Anteile von den Fasern getrennt. Die holzigen Abfälle wurden als Strebe für den Stall oder auch als Brennstoff verwendet. Leinenfasern, die fürs Spinnen zu kurz waren, wurden zu gröberen Garnen oder Seilen verarbeitet, die feinen langen Fasern konnten gesponnen werden. Damals stand überall ein Spinnrad im Haus, bei uns hat das noch die Großmutter gemacht. Das gesponnene Leinen, das Goden, wurde gewaschen, aufgehängt, getrocknet, wieder gewaschen, das ging mehrmals so, und zwischendurch hat man es kräftig geschüttelt. Dann war es endlich hergerichtet für den Weber, der jeden Winter ins Haus gekommen ist und Handtücher, Leintücher und Stoffballen gewebt hat. Auch einen Webstuhl gab es auf fast jedem Bauernhof oder man hat ihn sich beim Nachbarn ausgeliehen.

Meine Eltern haben 1917 geheiratet, mein ältester Bruder Johann wurde 1918 geboren, ich 1925, und als ich eineinhalb Jahre alt war, starb meine Mama. Mein Vater hat später noch einmal geheiratet, dann sind noch einmal zwei Kinder gekommen, 1933 meine Schwester Marianna und 1934 mein Bruder Josef.

Anna Gasser bei einer Rast mit dem Hüterbub auf der Alm – harte Arbeit und schöne Augenblicke.

Beim Auflegen des Heufuders, im Hintergrund rechts die aufgestellten Getreidemandln.

Da bin ich schon zur Schule gegangen, immer nur „wallische", weil es ja Faschistenzeit war. Die Schule war in St. Lorenzen, mehr als eine halbe Stunde zu Fuß von daheim. Vor der Schule mussten wir täglich in die Kirche zur Schülermesse. Im Winter sind wir so früh am Morgen in der ungeheizten Kirche regelrecht erfroren. Wir hatten in der Früh und am Nachmittag Schule. Wer bei den Faschisten eingeschrieben war, bekam das Essen in der Schule, ich nicht, weil wir nicht bei den Faschisten eingeschrieben waren. Wir sind keine Faschisten, hat der Vater gesagt. So habe ich ins Gasthaus gehen dürfen. Die Wirtsleute waren mit meinen Eltern gut befreundet, aber es hat schon auch damit zu tun, dass wir es uns leisten konnten. Die ärmeren Kinder mussten bei den Faschisten eingeschrieben sein, sonst wären sie ohne Mittagessen geblieben. Von unserer Schule waren nur ganz wenige nicht bei den Faschisten. Die einen mussten sich einschreiben, weil sie so arm waren, die anderen hatten ein Geschäft und mussten darauf Rücksicht nehmen. Nicht dabei waren nur wir, ein anderer größerer Bauer und eine einflussreiche Familie, die es sich auch leisten konnte. Wir sind halt dafür immer etwas hintangestellt worden von der Lehrerin, das hat man schon gespürt. Einmal ist die Lehrerin sogar zu uns nach Hause gekommen, mit dem Vater zu reden, er solle mich doch einschreiben. Wir sind keine Faschisten, hat er gesagt. Er war ein grader Mensch.

Mit dem Italienischunterricht bin ich mit der Zeit schon zurechtgekommen, aber mit dem Schreiben in deutscher Sprache habe ich mich mein Lebtag lang schwer getan. Erst viel später in der Haushaltungsschule habe ich es etwas erlernt. Katakombenschulen gab es hier in der Gegend schon auch. Mir hat eine Tante ein bisschen etwas beigebracht, aber das war viel zu wenig. Ich bin immer unsicher geblieben, wie man etwas schreibt, ich habe dann beim Lesen immer versucht, die Wörter ganz genau anzuschauen, damit ich sie mir einpräge. Ja, das sind so Dinge, die einem schon bleiben.

Als der Krieg kam, ist es freilich noch schwieriger geworden. Mein Bruder Johann hat nach dem Einmarsch der Deutschen von Schnall auf Fall einrücken müssen. Mein Vater war für das Deutsch-Sein eingetreten und ging auch immer zu den Versammlungen des Ortsgruppenleiters. Aber er war eben ein grader Mensch, und als er sich bei einer Versammlung einmal aufgeregt und dem Ortsgruppenleiter die Meinung gesagt hat, ist der am nächsten Tag auf den Hof gekommen. Ich weiß es noch, als wäre es heute, morgen hat der Bui inzuruckn, sagte er. Und wenn der Vater noch einmal so etwas sagen sollte, dann komme er nach Dachau. Das sind Erinnerungen! Das tut weh. Ich hatte ja keine Ahnung, was es mit Dachau auf sich hat, aber so wie das Wort ausgesprochen wurde, verhieß es nichts Gutes. Da mussten wir dann schon schauen, wie wir durchkommen. Der Ortsgruppenleiter ist jedes Jahr gekommen, um den Kornstand zu messen und unsere Abgabe festzulegen. Wir hatten einen großen Kornacker mit Roggen, Weizen, Hafer, Gerste, und das wurde in Truhen aufbewahrt, die der Ortsgruppenleiter abgezählt hat. Damit er uns nicht so viel nimmt, dass wir nicht mehr leben hätten können, haben wir immer genug Korn für uns unter dem Stroh versteckt. So hatten wir nie Not, auch im Krieg nicht. Früher haben die Bauern ja alles angebaut, was sie gebraucht haben, Erbsen, Fisolen, Kobis, Kraut eben. Eingekauft wurde kaum etwas und im Krieg gab es sowieso nichts mehr. Da kamen dann die Leute zu uns hamstern, Butter oder Eier, weil sie nichts mehr hatten. Da konnten die Bauern vielen Leuten aushelfen, denn an Essen hat es ihnen nicht gefehlt. Es gab halt meistens Knödel, aber das war vor und nach dem Krieg nicht anders. Dreimal in der Woche weiße Knödel, Speckknödel oder Käsknödel, einmal Schwarzplentene. Am Samstag gab es immer Tirtlan, mit Kraut oder Topfen. Sonst hat es auch noch Krapfen gegeben und Nigelen.

Schwer wurde mit dem Krieg die Arbeit. Der Bruder war weg, die meisten Knechte waren weg und der einzige Knecht, den wir noch hatten, musste zweimal in der Woche für den Ordnungsdienst (SOD) Wache halten. Da hatten wir dann zweimal in der Woche gar keinen Knecht. Oft musste er die Nachtwache halten, da konnten wir auch nicht verlangen, dass er um 6 Uhr Morget mit der Arbeit beginnt. Damals war ich noch nicht ganz zwanzig Jahre alt und habe die ganze Feldarbeit, einfach die ganze Arbeit, die auf einem Bauernhof anfällt, genauso ausführen müssen wie die Männer. Vorher haben wir Dirn und Knecht gehabt, nun war ich Dirn und Knecht zugleich. Ich habe gemäht, bis ich die Arme nicht mehr spürte, ich habe bei der Ernte gearbeitet wie ein Mann, habe die Getreidemandeln aufgestellt. Auch Säen hat mich der Vater gelehrt. Da hatte man eine Korbe, da waren die Samen drin, und da braucht's einen gewissen Wurf. Du nimmst dir jedes Mal so einen Streifen Acker vor, der ungefähr so breit ist wie diese Stube, wie ein mittlerer Raum halt,

Gruppenbild mit Kranzkuh: Der Viehschmuck für den Almabtrieb wurde von Generation zu Generation weitervererbt.

Gleich gemäht wie die Männer und auch sonst für keine Arbeit zu schwach: Anna Gasser bei der Heumahd.

Wenn der Acker zu „bauen" war, wurde um halb sechs in der Früh das Rossfuhrwerk eingespannt.

da wirfst du den Samen aus, einmal, zweimal, dreimal, dann gehst du weiter und wirfst wieder, einmal, zweimal, dreimal, dann wieder ein paar Schritte ... Das muss gelernt sein, aber wenn du es einmal in den Fingern hast, geht es schon.

Verwöhnt worden bin ich sicher nicht, aber geschadet hat es mir auch nicht. Ich habe von da an immer mit den Knechten und Dirnen gearbeitet, denn das hat auch einen Vorteil. Wenn die Hausleute mit dem Gesinde mit anpacken, brauchst du nicht lange anzuschaffen, da gehst du mit dem Beispiel voran und alle arbeiten mit. Erst vor ein paar Jahren ist ein früherer Knecht hier auf Besuch gekommen, der jetzt ein großes Despar-Geschäft in Mühlbach führt. Er hat mich eigens besucht, weil du warst einfach immer so eine Nette, hat er gesagt. Das hat mich dann schon gefreut.

Ein Großknecht verdiente im Jahr eine Kuh, meistens als Geld ausbezahlt, mit dem er sich eine Kuh kaufen hätten können. Dazu hat er zwei paar Schuhe und einen Anzug bekommen. Da sind eigens der Schuster und der Schneider ins Haus gekommen, und zu Weihnachten gab es vielleicht noch ein Hemd und einen Schurz, das ist dann aber schon extra gewesen. Das war schon wenig, aber man kann es mit einem heutigen Lohn nicht vergleichen. Sicher ginge heute niemand mehr für eine Kuh im Jahr arbeiten. Die Knechte waren aber auch Teil der Familie, gleich wie die anderen; wenn ihnen etwas gefehlt hat, ist auf sie gleich geschaut worden wie auf die eigenen Leute, zu essen haben sie das Gleiche bekommen. Als wir Kinder ein bisschen größer waren, haben wir mit den Dienstboten gegessen, da waren dann oft zwölf, dreizehn, vierzehn Leute am Tisch – Kinder, Tanten, Großmutter, Dienstboten. Nur die Eltern haben meistens separat gegessen. Gekocht hat die Mutter. Ich habe nie gekocht, ich habe lieber draußen im Feld gearbeitet, das war meine Welt. Um fünf zu Morget war Frühstück, um halb sechs ist das Rossfuhrwerk zum Ackerbauen eingespannt worden, wir hatten Rösser, keine Ochsen. Bei jeder Männerarbeit war ich dabei, auch das Tengeln habe ich gelernt. Da hatten wir so eine Maschine, durch die das Sensenblatt gezogen wurde, damit die Schneide ganz dünn wird. Sie muss so dünn sein, dass sich das Sensenblatt bewegt, wenn man mit dem Daumen leicht darüber fährt. Dann ist es eine gute Schneide. Ohne gute Schneide zu mähen, wäre mir nicht möglich gewesen, die Kraft hätte ich nicht gehabt. Garbenauflegen, Garbenbinden und Schober zusammenstellen – alles habe ich gleich gemacht wie die Männer. Beim Roggen macht man mit fünfzehn Garben ein Mandel, und vier Mandeln hintereinander sind ein Schober. Beim Weizen machst du mit zehn Garben ein Mandel, aber erst sechs Mandeln sind ein Schober. Wir hatten hunderfünfzig Schober Roggen, das ist schon ganz schön viel, und dann noch hundert Schober Weizen, fünfzig Schober Hafer und noch einmal so viel Gerste. Den Schwarzplent, den Buchweizen, haben wir auch selber angebaut, der kommt hinter dem Roggen her, auf dem gleichen Feld, wenn der Roggen abgeerntet ist.

Manche Arbeiten waren schon sehr schwer. Wenn das Gras hoch steht und du den ganzen Tag mähen musst, da tun dir am Abend schon die Arme weh. Aber deshalb ist man zu Morget doch wieder um halb, dreiviertel fünf aufgestanden und hat weiter gemäht. Fürs Korndreschen hatten wir mit der Zeit schon einen Benzinmotor, mit dem die Dreschmaschine angetrieben wurde. Aber ich kann mich noch an die Zeit erinnern, als sie mit der Hand angetrieben werden musste. Da sind eigens zwei bärenstarke Männer von Hochplatten zu uns herunter gekommen, die hatten tellergroße Hände mit wurstdicken Fingern. Als ich diese Arbeit übernehmen musste, hatten wir zum Glück schon den Benzinmotor, ich musste nur lernen, wie man ihn bedient.

Im Winter hatten wir nicht so viel zu tun, aber die erste Arbeit im Frühjahr war dann schon schwer, das Mistauflegen. Während des Krieges habe ich das mit meiner Schwester gemacht, die so zehn Jahre alt war. Wir haben den Mist auf die Pennen auflegen müssen, das waren runde, aus Haselzweigen geflochtene Behälter. Die Pennen mussten natürlich vor dem Auflegen auf den Wagen gehoben werden, dann kam der Mist hinauf, dann ging's mit dem Wagen aufs Feld. Dort haben wir den Mist dann ausgebracht: Zuerst macht man kleine Häufelen, dann tut man diese streuen, „broaten", sagt man, ausbreiten. Ich weiß noch genau, dass wir in einem einzigen Frühjahr 96 Pennen Mist aufgelegt und ausgebracht haben.

Danach wurde der Acker gebaut, ich habe das Ross geführt, meine Schwester den Pflug gehalten. Und in die Furchen haben wir die Erdäpfel gesetzt und alles gesät, was zu säen war, so Ende April, Mai, manchmal auch schon im März, wenn es besonders gutes Wetter war.

Beim „Aufgarben": Die Garben wurden zu Mandln gebündelt und, in Schobern gereiht, zum Trocknen auf dem Feld aufgestellt.

Die alte Bauernküche auf dem Unterguggenberghof, wo die Mutter herkam; im Bild zwei Tanten von Anna Gasser.

Der Roggen ist schon im Herbst gesät worden, im Frühling kam als Erstes der Weizen. Die Erdäpfel wurden meist im Mai gesetzt. Bei den Erdäpfeln hat man gebaut und gesetzt zugleich: Zuerst wurde mit dem Pflug die Furche gezogen, dann hat man hinter dem Pflug her die Erdäpfel gesetzt und mit der nächsten Furche in der Gegenrichtung hat man die vorherige wieder zugedeckt. Beim Erdäpfelsetzen war der Mond sehr wichtig, da hat der Vater immer sehr darauf geachtet. Setzte man die Erdäpfel nicht beim abnehmenden Mond, waren sie oben auf alle grün. Auch beim Klee war der Mondstand sehr wichtig, aber was da genau zu berücksichtigen war, weiß ich nicht mehr. Der Klee wurde im Langes als Deckfrucht auf den Winterroggen draufgesät. Wenn man dann den Roggen schnitt, kam darunter schon der Klee. Das war ein gutes Futter für die Kühe, aber man musste aufpassen, dass der Klee richtig geerntet und gelagert wurde, sonst konnte er Gifte entwickeln. Ganz wichtig war der Klee für den Boden. Die Pflanze hat so fischgrätenförmige Wurzeln, an denen sich durch bestimmte Bakterien kleine Knöllchen bilden. Durch diese Knöllchenbakterien führt der Klee dem Boden Stickstoff zu und erhöht so die Bodenfruchtbarkeit. Auch hat Klee das Aufkommen von Unkraut verhindert.

Die Einhaltung der Fruchtfolge hat man genau beachtet. So durfte man Erdäpfel nie hintereinander im selben Feld setzen. Der Roggen wurde im Herbst dort gesät, wo im August der Weizen geerntet worden war. Geerntet wurde der Roggen dann im Juli, da war der Klee darunter noch so klein, dass man oben her schön den Roggen wegräumen konnte. Dann wuchs der Klee, der ein erstes Mal noch im selben Herbst gemäht wurde. Über den Winter hat man den Klee einfach stehen lassen, so dass er im Jahr darauf noch dreimal gemäht werden konnte. Da war dann nur noch Klee auf dem Acker, sonst nichts. So hat sich der Roggenacker erholt. Den Roggen hat man im nächsten Herbst auf einem anderen Feld gesät, wo davor der Weizen war, und so ist es wieder von vorne losgegangen. Nach dem Klee hat man meist Erdäpfel gesetzt, weil nach dem Klee der Boden besonders fruchtbar war. Mit den Erdäpfeln aufwärts ging es, als nach dem Krieg die Saatbaugenossenschaft gegründet wurde, da war auch mein Vater von Anfang an dabei.

Harte Zeiten waren es schon, aber es gibt auch viele schöne Erinnerungen. An den Sonntagen habe ich immer das „bäuerische

Gewand" angezogen, da hat ein Seidenschurz und ein Hut mit einem Band dazugehört. Das trugen die jungen Gitschen genauso wie die Alten. Eine Tracht haben wir uns erst viel später gerichtet, vorher gab es nur dieses Gewand. Richtig festlich war der Almabtrieb. Zuerst musste ich mit hinauf auf die Albe, alles zusammenräumen und saubermachen helfen. Dann haben wir die Kühe hinunter getrieben bis Piccolein oder meistens bis St. Martin in Thurn. Da sind sie über Nacht in einem Stall geblieben. Sie an einem einzigen Tag herauszutreiben, wäre zu weit gewesen. Am nächsten Tag ging es weiter bis Montal auf die Weide beim Laner-Gasthaus. Dort haben die Fütterer ordentlich zu essen bekommen. Vom Hof wurde das Almzeug dorthin gebracht, um die Kühe zu schmücken, die Glocken, der Kranz und die Bänder. Das hat noch der Großvater anfertigen lassen, auf den Riemen stehen sein Name und der von der Großmutter drauf. Geschmückt wurden früher nur zwei Kühe, die Schönste von den Kalben, den Jungkühen, die noch nicht gekälbert haben, und die schönste Kuh. Dann trieben wir sie über die Gadertaler Straße talauswärts und hinauf zu unserem Hof. Oben ist schon die Bäuerin mit einem Korb voller Tschötteblatteln gestanden. Das war immer ein Auflauf, denn da haben alle etwas bekommen, die da waren. Den Kirchtag haben wir in Pflaurenz gefeiert. Dort sind auf einer Wiese, die jetzt Industriegebiet ist, alle Bauern aus der Gegend zur Kirchweih zusammengekommen. Es wurde aufgetragen und richtig gut gegessen, das war immer sehr schön.

Zum Hüten auf die Alm musste ich nie, dazu wurde ich zu sehr auf dem Hof gebraucht. Aber manchmal sind wir im Sommer hinauf, die Hüterbuben zu besuchen, Proviant zu bringen oder beim Mähen zu helfen. Auf dem Hof behalten haben wir im Sommer nur zwei oder höchstens drei Kühe, die besten Milchkühe, damit wir genug hatten, alle anderen kamen auf die Alm. Wir hatten immer zwei Grießmair-Buben als Fütterer, die waren so takt, dass der Vater sie nicht gehen lassen wollte. Zu Lichtmess wurden ja bei den Bauern sonst jährlich die Dienstboten gewechselt, aber die hat er nicht gehen lassen. Die haben es später beide zu etwas gebracht, einer hat eine Mechanikerwerkstatt aufgebaut.

Auch mein Mann war vorher bei uns fünf Jahre lang Knecht, Großknecht ist er gewesen. Wir sind gut miteinander ausgekommen. Geheiratet haben wir 1954, da war ich 29. Der Vater hat mir zur Hochzeit den Ansitz zur Verfügung gestellt, 1957 hat er ihn mir überschrieben, mit der Auflage, aus dem Haus etwas zu machen. Es war völlig heruntergekommen, wir hatten kein Licht, kein Wasser, das Dach war kaputt, vom Dach hat es bis zum Keller durchgeregnet. Die Landwirtschaft bei diesem Hof war klein, so bin ich nur eine kleine Bäuerin geworden: zwei Kühe, Facken und Hennen, das habe alles ich gemacht, auch gemäht und sonst alles. Mein Mann musste arbeiten gehen, vom Hof hätten wir nie leben können. Wir hatten überhaupt kein Geld. Er hat auf dem Bau gearbeitet, dann bei den Zimmerern und schließlich bei der Bierfield. Und ich habe angefangen zu vermieten, damit ein bisschen Geld hereinkommt. Eine Zeitlang haben wir auch eine Näherei im Haus untergebracht. Alles, was wir verdienten, haben wir ins Haus gesteckt, für Wasserleitung, Licht, Dach, Klo. Lange hatten wir nur das Plumpsklo. Meine Tochter hat diese ewige Sanierung dann weitergeführt, jetzt haben alle Zimmer Dusche und Klo. Und wir haben uns hier im Stadel diese kleine Wohnung gerichtet. Für die eineinhalb Hektar Feld, die wir noch haben, reichte auch der halbe Stadel. Ich habe immer gesagt, wenn ich älter werde, will ich eine kleine Wohnung. Diese großen Räume und die dicken Mauern im Ansitz waren ja früher mit den Karosinöfen fast nicht zu heizen.

Als wir angefangen haben, uns die kleine Wohnung zu richten, hat mein Mann noch gelebt, aber dann ist er 1987 gestorben, erst 57 Jahre alt. Das war schon schwierig ... aber da kann man nichts machen. Zum Glück standen die Kinder alle schon auf eigenen Beinen, die Erna hat den Richard Piock geheiratet, die Rita hat den Ansitz übernommen und führt ihn jetzt mit vierzig Betten, der Hubert ist Tischlermeister. Die Landwirtschaft haben wir noch eine Weile nebenher gemacht, aber als ich nicht mehr füttern konnte, haben wir die Kühe aufgelassen, die Kinder konnten das neben der Arbeit nicht machen. Jetzt mäht der Sohn noch das Heu und verkauft es. Die längste Zeit haben mein Mann und ich noch mit der Hand gemäht, eine Mähmaschine haben wir erst um 1980 angeschafft, vorher konnten wir es uns nicht leisten. Aber das Mähen war ich ja gewohnt.

Die ganze Ernte in einer kleinen Schachtel

Lino Gobbi, Arco

Lino Gobbi lebt in einer Wohnstraße knapp außerhalb des historischen Zentrums von Arco mit dem darüber thronenden Schlossfels. Das ehemalige Wirtschaftsgebäude hat – durch Aufstockung und Zubau – den Charakter eines Mehrfamilienhauses bekommen, im Parterre ist das technische Studio eines Schwiegersohns untergebracht, in einem Blumengestell am Balkon stehen drei einsame Geranien, dahinter hocken zwei Wellensittiche in ihrem Käfig, in einer Wandnische steht eine Madonna, der Hof ist mit hohen grauen Gittern abgesperrt. Der hintere Teil des Hofes ist verschottert, vor dem Haus ist der Boden mit Porphyrplatten verlegt, auf einem kargen Rasen stehen Zierbäume und eine Palme. Lino Gobbi kommt eine gute Stunde später nach Hause als verabredet, weil er im Kulturzentrum einen Vortrag für Schüler über seine Kriegserlebnisse hielt, die er in einem im Eigenverlag herausgegebenen Buch festgehalten hat. Er bietet Ferrero Rocher und Mon Chéri an, die im Wohnzimmer auf dem ovalen dunklen Tisch bereit liegen, ein typisches italienisches Wohnzimmer, ruhig, aufgeräumt, eher dunkel. Lino Gobbi ist am 9. Februar 1921 geboren, im Haus, das er jetzt noch mit seiner zweiten Tochter bewohnt, ist er aufgewachsen. In einem Neubau unmittelbar daneben lebt jetzt sein Sohn. Das Gespräch hatte er sich für den Nachmittag erbeten, weil er untertags zu tun habe, in der Früh sei er immer auf dem Feld. Anders als am traditionellen Bergbauernhof sind Wohnhaus und Bauernschaft in der Landwirtschaft der südlicheren Tallagen – etwa im Unterland und besonders im Trentino – häufig getrennt.

Geboren wurde ich nicht in diesem Haus, sondern in Arco in der Via Vecchia, noch innerhalb der alten Stadtmauer, wo meine Eltern damals noch lebten. Bauern waren wir aber damals schon, der Bisnonno, der Urgroßvater, war Bauer, der Nonno war Bauer, der Vater war Bauer. Zwei Jahre nach meiner Geburt, 1923, sind wir hierher gezogen. Als mein Vater dieses Haus hier baute, noch etwas kleiner als jetzt, war es das einzige in der ganzen Straße, rundherum war alles Feld, campagna. Damals führte hier die Eisenbahnlinie Rovereto-Riva vorbei, und wenn der Zug noch eine halbe Stunde weit weg war, hat man schon das Pfeifen gehört, vom Pass oben, wo man von Rovereto kommend den ersten Blick auf den Gardasee hat. Wenn mein Vater von einer Besorgung in Rovereto zurückkam, hat meine Mutter die Polenta aufgestellt, sobald sie das Pfeifen hörte, weil sie wusste, in einer halben Stunde ist er da. Als Kind habe ich alte Nägel auf die Schienen gelegt, weil sie danach so platt waren, dass ich sie als Schraubenzieher verwenden konnte. Dann ist die Bahnlinie aufgelassen worden, und im Krieg wurde sogar die alte Bahnbrücke abmontiert, weil man das Eisen für die Kanonen brauchte. Arco war ja damals schon ein berühmter Ort mit schönen Villen und hohen schmiedeisernen Gittern drum herum, die wurden auch abmontiert und für die Kriegsindustrie eingeschmolzen.

Nach und nach wurde die ganze Gegend verbaut, so dass wir jetzt mitten in einer Siedlung sind, das Haus hier nebenan hat mein Sohn gebaut, für seine Enkelkinder, das ist schon die nächste Generation. Seit achtzig Jahren sind wir hier. Alles hat sich geändert, alles, aber man muss mit der Zeit gehen. Ich bin als Kind ganz normal zur

Schule gegangen, aber ganz normal war damals, dass ich immer dann daheim blieb, wenn die Mutter mich brauchte, um auf die kleineren Kinder zu schauen. So bin ich höchstens drei Mal in der Woche Schule gegangen, oft nur zweimal. Ich habe daheim und bei der Arbeit von klein auf mithelfen müssen.

Zu den Zeiten meiner Urgroßeltern, aber auch noch in meiner Kindheit war das einträglichste Geschäft für die Bauern hier die Seidenraupenzucht. Auf einen Wirtschaftszweig aber konnte man sich früher nicht verlassen – eine Missernte und man wäre verhungert, vor 1900 hat es hier im Trentino ja regelrechte Abwanderungswellen wegen Hungersnot in Folge von Missernten gegeben. Aber das ist dann besser geworden, vor allem auch durch die bessere Selbstorganisation der Bauern durch die Genossenschaften.

Wir hatten immer auch ein wenig Vieh, anders als jetzt, wo man entweder viele oder keine Kühe mehr hat. Jede Bauernfamilie hatte früher zwei, drei Kühe, eine Ziege, Hühner und Hasen. Oliven hatten wir auch immer, das Olivenöl vom Gardasee hat einen guten Ruf. Wir brachten Kaki und Susinen auf den Markt, das sind diese etwas kleineren Pflaumen, die sich besonders gut trocknen lassen, was früher wichtig war, damit sie über längere Zeiträume hinweg verkauft werden konnten. Wir hatten etwas Weizen, viel Mais, Obst und Gemüse. Und wir hatten, als lange Zeit zweite wichtige Einnahmequelle, den Tabak.

Meine ersten Erinnerungen haben mit der Seidenraupenzucht zu tun. Das war auch die erste große Leistung, die unsere Cooperativa, die Genossenschaft, vollbracht hat. Das war 1911, und von dieser Zeit an bis heute ist immer jemand aus meiner Familie im Ausschuss dieser Genossenschaft gewesen: Der Urgroßvater hat zu den Pionieren gehört, der Nonno Bortolo war Mitglied des Ausschusses, mein Vater ebenfalls, dann fünfzehn oder sechzehn Jahre lang ich und jetzt folgt mir mein Sohn nach. Die Seidenraupenzucht war damals in der Hand einiger weniger Industrieller und die Bauern haben für ihre Arbeit fast nichts bekommen. Die Seidenherstellung florierte und die Bauern hatten nichts davon. Da hat die Cooperativa eine erste Sammelstelle für die Kokonballen eingerichtet, wo auch wir unsere Kokons in großen Säcken abgeliefert haben, busacche haben wir sie genannt. Dann wurden zwei erste Trockenöfen für die Kokons angemietet, später sogar angekauft, so dass die Bauern von den Industriellen unabhängig wurden. Nun konnten sie die Verarbeitung, Lagerung und Vermarktung selbst in die Hand nehmen, schon nach wenigen Jahren war die Genossenschaft viel stärker als die private Seidenindustrie. Das Gemeinschaftslager war vor allem wegen der Schwankungen beim Seidenpreis wichtig. So konnte man die Ware lagern, bis der Preis wieder anstieg.

Wir haben selbst Seidenraupen aufgezogen. Die Seidenraupe ist ja die Larve des Maulbeerspinners, einem Nachtfalter, der nicht fliegen kann. Die Eier brauchen in der ersten Phase kühle Temperaturen, erst in der Brutzeit benötigen sie Wärme. Meistens bekamen wir im Mai die Nachricht, dass unsere Eier abzuholen seien. Da waren die Raupen noch winzig, wie das Köpfchen eines Streichholzes. Die ganze Ernte hatte in einer kleinen Schachtel Platz, nicht größer als ein Schuhkarton. Die habe ich dann in der Hand heim getragen, sehr vorsichtig, denn die Eier und die frisch geschlüpften Raupen waren sehr wertvoll. Die Seidenraupenzucht lag bei den Bauernfamilien meistens in der Hand der Frauen, die Arbeit wurde ja daheim gemacht, oft in der Wohnung. Auf dem Feld wuchs nur die Nahrung für die Raupen, die Blätter der Maulbeerbäume. Am Anfang brauchte ich nur wenig Büschel vom Feld holen, aber dafür musste ich die Blätter ganz klein zerschneiden, damit die Raupen sie fressen konnten. Sie fraßen Tag und Nacht, so dass die Nahrungsbeschaffung immer intensiver wurde. Auch vergrößerten sich die Raupen und mussten immer weiter von einander getrennt und allmählich über alle möglichen Räume des Hauses verteilt werden. Die Seidenraupe ist ein sehr empfindliches Tier und sehr krankheitsanfällig. Wichtig war, dass sie immer sauber gehalten wurden. Gefüttert haben wir sie deshalb mit Hilfe von Papierblättern, in die wir Löcher gemacht haben. Dieses Papier wurde über die Raupen gelegt, und auf die Löcher gaben wir die Maulbeerblätter. So hat die Raupe ihre Nahrung von unten her weggeknabbert, die Reste blieben alle oben auf, so dass das Papier einfach genommen werden konnte, sobald die Raupen fertig gefressen hatten. Man hätte ja den Boden der Kisten, in denen die Raupen herumkrochen, sonst kaum reinigen können, so blieb er sauber. Gärungsprozesse von alten Pflanzenresten hätten leicht Krankheiten unter den empfindlichen Tieren auslösen können, und wenn einem eine ganze Population wegstarb, war der Schaden enorm. Das ist natürlich trotzdem passiert, man hat meist nie genau gewusst warum, die einen glaubten, es sei zu warm gewesen, die anderen gaben der Kälte die Schuld.

Viermal häuteten sich die Raupen und wechselten die Farbe, ungefähr einmal in der Woche. Als sie nach fast vierzig Tagen ausgewachsen waren, hatten sie um das 10.000fache an Gewicht zugenommen. Da brauchten die Blätter nicht mehr zerschnipselt zu werden, da fraßen sie die ganzen Büschel. Kistenweise musste ich vom Feld die Maulbeerblätter anschleppen, ich kam oft gar nicht mehr nach. Maulbeerbäume standen damals überall in den Feldern, jetzt findet sich hie und da einer, der aus Nostalgie noch gehalten wird. Eine ausgewachsene Seidenraupe frisst im Laufe ihres Lebens das 40.000fache ihres ursprünglichen Körpergewichtes, bei einem halben Kilo Raupen sind das über 10 Tonnen Blätter. Sobald sie ihre Größe erreicht hat, sucht sie sich einen Platz auf Zweigen oder eigens aufgestellten Stangen, wo sie sich einspinnen kann. Dazu haben die Larven zwei kleine Spinndrüsen am Kopf. Durch diese Warzen scheidet sie eine Substanz aus, die an der Luft sofort zu einer Art Faden erhärtet, und dadurch, dass sie den Kopf so geschickt hin und her bewegt, dreht sie diesen Faden so geschickt um sich selbst, dass sie sich in den Kokon einspinnt. Die Larven, die als Eier in einer Schuhschachtel Platz hatten, besetzten in diesem Entwicklungsstadium oft einen ganzen Stadel, aber auch in Wohn- und Schlafräumen hingen überall die Kokons.

Ungefähr acht Tage nach dem Einspinnen wird die Seidenraupe zu einer Puppe, nach weiteren acht Tagen würde der Schmetterling entschlüpfen und sich aus dem Kokon hinausarbeiten, indem dieser durch eine bräunliche Flüssigkeit aufgelöst wird. Dadurch würde der Seidenfaden beschädigt. Deshalb müssen die Puppen am zehnten Tag getötet werden, indem man sie entweder in kochendes Wasser taucht oder über heißen Dampf stellt. Nach der Gründung der Genossenschaft wurde dies in der Trockenanlage gemacht. Danach wurde die äußerste Schicht der Kokons abgeschabt, um den Seidenfaden freizulegen. Aus einem einzigen Kokon wurde ein bis zu 1,5 Kilometer langer Faden gewonnen. Aus 100 Kilo Kokon entstanden ungefähr 25 Kilo Rohseide. Einige Kokons ließ man leben, um neue Raupen zu züchten.

Die Genossenschaft nahm sich nicht nur der Seidenraupenzucht an. Nach und nach konnte ein richtiges Fabrikgelände für die

Seidenindustrie in San Nazzaro gekauft werden, bald darauf auch eine Tabakfabrik, in Arco wurde ein Spaccio eröffnet, ein Lebensmittelhandel, das war der Beginn der SAIT-Kette, wo die Bauern ihre Waren anlieferten, aber auch selbst günstig einkaufen konnten. Dazu kamen eine Käserei und eine Fleischerei. Die Genossenschaft wurde so stark, dass sie sich einen der schönsten Palazzi von Arco kaufen konnte, die ehemalige Residenz der Conti d'Arco, niemand hätte geglaubt, dass die Bauern dies schaffen würden. Dann aber kam der Faschismus, mit dem sich die Genossenschaft nicht leicht tat. Lange waren die Kokonbehandlung und die Tabakaufbereitung in ein und demselben Gebäude untergebracht, nun sah ein faschistisches Gesetz die Trennung vor, so dass eine eigene Tabakfabrik in San Nazzaro gebaut wurde, die Macera. Durch den Einbruch der Seidenpreise im Krieg kam die Genossenschaft aber in eine Krise, sie musste den Palazzo an die Bank abtreten, die ihr die Kredite gegeben hatte. Der Nationalsozialismus bedeutete dann das Ende für die Genossenschaft. Aber nach dem Krieg wurde sie wieder gegründet, Nonno Bortolo war wieder im Ausschuss. Und weil die Bank keinen Kredit mehr geben wollte, gründeten die Bauern eine Cassa Rurale, so wie bei euch die Raiffeisenkassen.

Die Seidenzucht hat sich nach dem Krieg nie mehr erholt, seitdem ist sie aus der ganzen Gegend verschwunden. Der Tabakanbau aber hielt sich bis in die späten sechziger Jahre, die Fabrik in San Nazzaro hat um 1970 zugemacht. Wir bauten Tabak an wie Kartoffel oder Getreide. Zuerst musste man im Abstand von rund einem halben Meter die Furchen ziehen und danach im Abstand von vierzig Zentimetern die Pflanzen setzen. Es waren großblättrige Stauden ohne Blüten, nur das oberste Blatt war größer als alle anderen. Wenn sich ungefähr Mitte Juli die Blätter gelblich färbten, wusste man, dass sie reif waren. Gepflückt wurde mit der Hand, die Blätter wurden mit den Spitzen nach innen zu großen quadratischen Haufen zusammengelegt und in Jutesäcke gepackt. So waren sie bequem auf den Ochsenwagen aufzulegen, später dann auf den Traktor. Damit sind wir zur Macera in San Nazzaro, wo die Blätter auf großen Tischen ausgelegt, befeuchtet, fermentiert und getrocknet wurden, was es halt alles brauchte, damit Tabak daraus gewonnen werden konnte. Im Juli und August wurde geerntet und im September bekamen wir dann schon ein paar Lire dafür, das war der Vorteil beim Tabakanbau.

Um die Lücke der Seidenraupenzucht zu schließen, mussten sich die Bauern nach dem Krieg umstellen. Die Genossenschaft vermittelte verstärkt Ausbildungen für den Anbau von Weizen, Mais, Oliven, Gemüse und Obst, ein Magazin für die Obst- und Gemüselagerung sowie eine Gemeinschaftsmühle wurden eingerichtet. Zur Käserei kam ein Milchhof für die Milchwirtschaft hinzu. Auf zwei Almen durften die Genossenschaftsmitglieder ihre Kühe weiden lassen. Die Bauern wurden über künstliche Dünger und Pflanzenschutzmittel informiert, zum Teil wurden diese auch von der Genossenschaft angekauft und günstig an die Bauern abgegeben.

Nach dem Krieg musste auch ich praktisch von Null anfangen. Eingerückt bin ich im Jänner 1941, im Juli kamen die Zwillinge auf die Welt, meine zwei kleinen Schwestern. Zu diesem Zeitpunkt war ich noch im Schnalstal stationiert, ich hätte für die Taufe Urlaub bekommen, aber es war rein zeitlich nicht möglich, zu Fuß hierher zu kommen und rechtzeitig zurück zu sein. Ich kam nach Russland. Als ich 1943 zurückkam, durfte ich kurz nach Hause, mit einem Sold von 1.000 Lire im Sack. Da sah ich zum ersten Mal meine beiden Schwestern. Ich bekam mit, dass wir kein Geld mehr hatten, Zucker für die „popine", für die Mädelen, zu kaufen. Mein Vater sagte, die Mutter solle bitten, dass man ihr im Geschäft aufschreibt. Da habe ich ihr heimlich die 1.000 Lire zugesteckt, damit sie Zucker und Melin kaufen konnte, das waren Babykekse. Aber sie dürfe nichts dem Vater sagen. Nach seinem Tod habe ich das Tagebuch meines Vaters durchgesehen. Das war so ein Bauern-Almanach, in dem er tägliche eintrug, wie viel Kakis er geerntet oder verkauft hatte, dass eine Kuh gedeckt wurde, welche Mittel er gespritzt hatte, welche Waren oder Werkzeuge er kaufen hatte müssen. Am 15. April 1943 hatte er eingetragen: „Von Lino 1.000 Lire erhalten". Die Mutter hatte doch nicht geschwiegen.

Nach meinem Urlaub musste ich wieder einrücken und wurde bald von den Nazis gefangen genommen. Hier war nach dem Einmarsch der Deutschen 1943 die äußerste Grenze der Operationszone Alpenvorland, es gab auch einige schreckliche Massaker bei der Bekämpfung der Partisanen. Ich kam wie viele Trentiner Soldaten in ein Lager, wo man stehlen musste, wenn man nicht verhungern wollte. Ich wurde erwischt und wurde zu fünf Jahren schweren Kerkers verurteilt, zum Glück haben mich die Amerikaner befreit. Ich litt aber noch Jahre an Angstzuständen.

Die Landwirtschaft im Trentino war früh genossenschaftlich geprägt. Die Wiedergründung der „Cooperativa" nach dem Krieg war ein Fest für ganz Arco: Lino Gobbis Vater ganz links stehend.

Prüfung der Kokons für die Seidenherstellung: die Raupen wurden daheim aufgezogen.

Tabakanbau in Arco – bis in die späten sechziger Jahre eine wichtige Einnahmequelle, dann schloss die Fabrik.

Nach dem Krieg erlernten meine Brüder einer nach dem anderen einen Beruf, ich hätte das auch gern getan, aber ich merkte, dass die Eltern darauf hofften, dass ich bei ihnen bleiben und in der Landwirtschaft helfen würde. Ich war ja der Älteste von neun Kindern. Bortolo, der nach dem Großvater benannt wurde, ist ein Jahr nach mir geboren, 1922, der wurde Mechaniker, lernte bei der Caproni aber auch, wie man mit Eisen arbeitet. Remo, 1925 geboren, war ein bisschen Bauer und ein bisschen Maurer, ebenso wie der zwei Jahre jüngere Italo, der auch eine Ausbildung als Heizungswärter machte. Dann kamen zwei Mädchen zur Welt, 1933 Rita, 1936 Rosetta, die Klosterfrau wurde, Klausurschwester in Locarno. 1939 wurde Gianfranco geboren, der Tischler wurde, und 1941 schließlich die Zwillinge Livia und Gabriella, die sind beide verheiratet, Rita ebenso.

Und ich bin daheim geblieben. Für den Wiederaufbau nach dem Krieg erließ Ministerpräsident Alcide Degasperi den Piano Verde. Dieser sah günstige Kredite mit langen Laufzeiten für den Kauf von landwirtschaftlichem Boden vor. Ich war in der Gegend der erste, der von diesem Piano Verde Gebrauch machte. Angefangen habe ich mit Wein, etwas hatte ich in Pacht, etwas kaufte ich nach und nach dazu. Das wäre jetzt nicht mehr möglich, bei den Grundpreisen, die wir hier in Arco haben. Am Anfang habe ich alle möglichen Weinsorten angebaut, in einer einzigen Pergel weißen Moscato und roten Merlot, später musste man sich aber auf einige wenige Weine konzentrieren, um eine hohe Qualität herauszubekommen, Jetzt habe ich nur noch Weißburgunder, die typischen Trentiner Weine Teroldego und Marzemino gedeihen in dieser Gegend nicht so gut.

Äpfel waren hier lange nicht interessant, das war Futter für die Schweine. Auch trugen die Apfelbäume vor dem Einsatz von Dünge- und Pflanzenschutzmitteln und Hormonen praktisch nur jedes zweite Jahr. Aber so um 1960 wurde der Apfelanbau interessant, da stellten dann alle auf Apfel und Wein um, der Maisanbau hörte schlagartig auf. Das hat natürlich auch damit zu tun, dass die Selbstversorgungslandwirtschaft an ihre Grenzen gekommen war. Der Bauer musste auf Produkte setzen, für die er auf dem Markt einen guten Preis erzielte, und nicht auf jene, die zu Mittag gekocht wurden. Mais wurde ja als Nahrungsmittel für Vieh und Mensch angebaut. Das Vieh ist fast verschwunden und die Familien sind kleiner geworden. So viel Polenta könnte man ja gar nicht mehr essen, wie man damals angebaut hat.

Polenta gab es bei uns nicht nur jeden Tag, sondern auch zum Frühstück, zum Mittagessen, zum Abendessen. In der Früh wurde die Polenta vom Abend davor geröstet und mit Milch gegessen. Ich habe meine Mutter einmal gefragt, warum es im Vaterunser „unser tägliches Brot gib uns heute" heißt, wenn wir immer nur Polenta essen („che magnemm sempre solo polenta"). Wir hatten schon auch etwas Weizen für eigenes Brot, aber das lohnte sich bald nicht mehr. Ganz am Anfang brachte man 1 Kilo Mehl in die Bäckerei und bekam dafür 1 Kilo Brot, danach musste man für 1 Kilo Brot 2 Kilo Mehl abliefern.

Meine Eltern sind ja noch unter Österreich aufgewachsen, mein Vater Mario Gobbi war unter Österreich im Krieg, im Ersten, meine Mutter Maria Angeli stammte aus Dro, ganz in der Nähe. Kennen gelernt haben sie sich da vorne an der Kreuzung, dort stand damals schon als einziges weiteres Haus in der ganzen Gegend das berühmte Spital von San Pancrazio, das im Krieg zu einem Militärhospital umfunktioniert wurde. Damals arbeiteten fast nur Klosterfrauen dort. Meine Mutter hatte in der Küche zu tun, aber auch im Garten. Und mein Vater arbeitete auf dem Feld direkt daneben. Geheiratet haben sie bald nach dem Krieg, 1920, da war das Trentino schon ein Teil Italiens geworden, so wie Südtirol auch.

Meine Frau stammte auch aus Dro, Anita Fressati hat sie ... ich wäre gern vor ihr gestorben, aber ... so ist das Leben. Ich habe sie kennen gelernt, als ich einen Esel mit Proviant für die Almleute den Berg hinauf trieb, da kam ich bei Dro vorbei und sah meine zukünftige Frau mit ihrer kleinen Schwester und einem Mehlsack an der Hand. Ich bot ihr an, den Mehlsack auf meinen Esel zu laden und so haben wir ein paar Worte gewechselt. Na ja, ein paar Worte ist fast schon übertrieben, ich habe wenig geredet und sie noch weniger. Aber ich begann ihr zu schreiben, drei Jahre lang! Nach drei Jahren haben wir, 1950, geheiratet. Damals war dieses Haus halb so groß wie jetzt, und es wohnten noch meine Eltern und alle acht Geschwister hier. Ich bekam mit meiner Frau ein Zimmer. 1951 wurde unser Sohn Tarcisio geboren, 1953 Lucia, 1956 Cecilia, und nach und nach zogen meine Geschwister aus und wir bekamen ein bisschen mehr Platz. Als alle draußen waren, heiratete auch mein Sohn. Da haben wir dann gleich umgebaut und eine Wohnung für ihn und eine für uns eingerichtet, aber über zwanzig Jahre lang lebte meine Frau mit meiner Familie in einer Wohnung zusammen. Da hat man sich schon gern haben müssen ... Meine Mutter sagte immer „meine Anita", aber ich glaube, man müsste meiner Frau doch ein Denkmal bauen.

Durch die Kredite konnte ich vier, fünf Hektar Grund zusammenkaufen, aber ein Stückchen Feld war hier, das andere irgendwo anders. Durch Tausch, Verkauf und Neukauf habe ich den Grund allmählich ein bisschen zusammengebracht, da fiel dann auch das Arbeiten leichter. Ich war auch der Erste in der Gegend, der Äpfel hatte, aber die Viehwirtschaft war noch lange wichtig. Genau genommen bezahlte ich mit der Viehwirtschaft die Schulden, die ich aufnehmen musste, um Apfelbauer zu werden. Die Kreditraten für ein ganzes Jahr kosteten mich zwei schöne Jungkühe, die ich mir züchtete. Dank der Inflation brauchte ich nach einiger Zeit aber nur noch zwei junge Ziegen, um die Raten zu zahlen. Da hatte ich schon auch Glück. Am Anfang hatte ich fast nur Golden Delicious, dann einiges an Stark Delicious, mittlerweile haben wir auch Gala. Das hat den Vorteil, dass die Ernte aufgeteilt wird, zuerst der Gala, dann der Golden, schließlich der Stark, aber beim Gala musst du halt dreimal pflücken, weil du den Preis nur über die Farbe kriegst. Wenn sie die richtige Farbe haben, musst du sie herunterholen, die anderen lässt du für den zweiten oder dritten Pflückgang oben. Auch beim Golden, der früher so einfach war, ist alles eine Wissenschaft geworden, 85 Millimeter Durchmesser ist zu groß, 84 fast schon zu klein. Mein Sohn hat auf ökologischen Anbau umgestellt und muss tausend Dinge bedenken, ich würde verrückt werden. Ich habe ihm alles überschrieben, die Felder, die Arbeit und die Schulden.

Die Vielseitigkeit der Landwirtschaft war früher auch deshalb möglich, weil alles mehr oder weniger mit der Hand gemacht wurde. Da konnte man sich rasch umstellen, man hat die eine Arbeit statt der anderen gemacht. Heute müsstest du bei jeder Umstellung die ganze technische Ausstattung besorgen, hydraulische Rebschere, Pflückwagen, automatisierten Stall, das wäre viel teurer und bräuchte mehr Zeit. So läuft es auch hier bei uns darauf hinaus, dass die meisten nur noch Obst und Wein haben und nur wenige noch Vieh haben. Ich hatte bis 1985 Kühe, dreißig Stück, dann bin ich an einem Kehlkopftumor erkrankt und der Doktor hat mir verboten, in den Stall zu gehen wegen des Ammoniaks, ich dürfe nur mehr in der frischen Luft arbeiten. So sind auch wir ganz auf Obst und Wein umgestiegen. Den Wein habe ich lange selbst gekeltert, aber seit in Mezzocorona die Kellerei ist, liefern wir alles dort ab. Und nur für mich selbst einen eigenen Wein machen, ist zu aufwendig. Mein Sohn trinkt keinen Wein, und das bisschen, das ich trinke, kann ich mir auch kaufen. Wir haben vielleicht noch eineinhalb Hektar Reben, der Rest ist alles Obst. Mein Sohn überlegt auch, die Oliven aufzugeben. Wir haben einen Olivenhain oben auf dem Hügel, erstklassige Qualität, aber viel Mühe. Vor zwei Jahren habe ich dort den Boden unter den Bäumen von Büschen und Dornen befreit, damit man die Oliven schön ernten kann. Man legt zwar die Netze um die Bäume, aber viele fallen darüber hinaus und die kannst du nicht mehr auflesen, wenn der Boden nicht schön sauber ist. Da bin ich von einer Trockenmauer heruntergefallen und habe mir das Becken gebrochen. Zum Glück bin ich wieder wohlauf, aber mein Sohn lässt mich jetzt nicht mehr gern in den Olivenhain. Auf die Obstwiesen lässt er mich noch, auch wenn ich nicht mehr weiß Gott was leiste, da muss ich schon ehrlich sein. Aber ich war halt mein ganzes Leben in der campagna, daheim halte ich es nicht aus.

Man durfte auch keine Wünsche haben

Alfred Kurz und **Anna Jud**,
Eyrs | Oberpapping/Innichen → Eyrs

Ihr Hof liegt mitten in der Landschaft im Obervinschgau, im Tal, nicht auf dem Berg, direkt an der Staatsstraße SS 38 zwischen Eyrs und Spondinig, auf der einen Seite Bahngeleise und Etsch, auf der anderen Seite die Straße und der Kriegerfriedhof für die Gefallenen der zwei Weltkriege, Menschen verschiedenster Kulturkreise und Sprachen. Nicht aus ein- und demselben Holz gemacht sind auch wir, erklärt Anna Jud sogleich, zumindest von der Herkunft aus gesehen. Er stammt aus dieser Gegend, sie aus dem obersten Pustertal. Fürs Interview macht er sich „frisch", wie er sagt, tauscht das Stallgewand mit jenem vom Feierabend. In den Stall gehen sie beide noch täglich, obwohl er vor zehn Jahren schon „abgegeben" hat. Jetzt ist er zu Hause der Chef, erklärt sie scherzend, und auf seinen Blick hin präzisiert sie: Im Haus bin eigentlich ich die Chefin, und was alles andere anbelangt, fragt ihn der Sohn nach wie vor um seine Meinung. „Mein Mann pflegt immer zu sagen, er sei der Zaun um das Haus. Und ich sage dann, das ist doch das Wichtigste und Beste, Alfred, das Allerbeste. Der Zaun ist das, was alles zusammenhält." Im Vinschgau sage man „Nuschter" zum Rosenkranz, im Pustertal „Potter", wenn man das zusammenfügt, kommt ein Ganzes heraus, Pater noster, das Vaterunser.

In der schlichten Stube hängen ein Kreuz und zwei vergilbte Schwarzweißfotografien, ihre Eltern und die seinen, leicht aufgewellt hinter Glas. Hier habe es mehrmals hereingeregnet, als das Haus noch eine Hütte war. Eine Durchreiche gibt den Blick in die Küche frei, Enkelkinder sitzen dort und schmieren sich Streichschokolade aus einem 5-Liter-Glas aufs Brot. Dass ihnen nichts geschenkt wurde, dass sie hart gearbeitet haben, um sich dieses Heim zu schaffen, das hat sie zusammengeschweißt. Dass sie nebeneinander sitzen wollen beim Interview, ist selbstverständlich, genauso wie die Neckereien, die sie ständig einwerfen. „Jetzt bin ich doch keine Pustererin mehr", platzt Anna Jud unvermittelt heraus und er gibt bei, „ja stimmt, man sagt doch, nach sieben Jahren soll nichts mehr umma sein". Und als ihr Mischlingshund Blacky sie und nicht ihn zum Stöckchenwerfen auffordert, sagt sie, „tu nicht immer eifern, gell, tu lachen, Alfred, oder hast du bei mir nichts zu lachen?"

B eim Stall vorbeigehen, ohne hineinzugehen, das kann ich nicht. Auch wenn nichts zu tun ist drinnen, obwohl immer zu tun wäre. Die Fenster sind in einem Stall immer dreckig und die Ecken voller Spinnenweben. Man könnte, wenn man wollte, mit dem Putzen nie aufhören. Und der Boden, der ist halt, wie er in einem Stall eben ist. Den Hof haben wir 1966 gekauft, wir sind die erste Generation da sozusagen. Eigentlich war es nur ein Hüttl, mehr nicht. Es war 6 mal 6 Meter groß, kein Strom, keine sanitären Anlagen, nichts.

D en Strom haben wir erst nach elf Jahren bekommen, als wären wir hoch oben am Berg, dabei sind wir direkt an der Staatsstraße. Aber wir haben zusammengehalten wir zwei, heute kann man sich das gar nicht mehr vorstellen, wie das war, das Gießen, das Tieretränken, das Windelnwaschen und Kochen ohne fließendes Wasser, aber es ist gegangen.

Meine Anna war immer eine dominante Person.

Na ja, was heißt denn das? Man kann ja nicht immer nachgeben.

Die Hosen aber hast du immer an.

Nein, nein, die hab nicht immer ich an, zwischendurch schon, aber da bist du dann immer froh.

1951 ist eine Frau von Österreich mit dem Jahreskalender umhergewandert, und hat auch an der Tür meiner Eltern geläutet. Sie hat erzählt, dass sie eigentlich aus dieser Gegend stammt, nun aber in der Steiermark verheiratet ist. Da hat mein Vater gefragt, ja wie kommen Sie denn nur bis hinaus nach Österreich, da hat sie gesagt, wo die Liebe hinfällt, da bleibt sie liegen und wenn es auf dem Misthaufen ist.

Bei uns war es auch Liebe, sonst wäre ich nicht vom Pustertal ins Vinschgau gezogen. Ich komme von Oberpapping, das ist oberhalb von Innichen Richtung Sill, da bin ich am 29. April 1940 geboren worden. Ich war die Sechste von dreizehn, wobei nur neun überlebten, zwei Frühgeburten hatte meine Mutter und zwei Totgeburten. Der Hof ist 1996 abgebrannt, aber inzwischen wieder neu aufgebaut.

Kennen gelernt haben wir uns, als ich in Bad Altprags als Hausmädchen diente und er während seiner Militärzeit in Welsberg auf „campo" war, da kenne ich gar kein deutsches Wort dafür, Feldtraining vielleicht. Da er ja ein leidenschaftlicher Bauer war, kam er in jeder freien Minute nach Altprags, wo das berühmte Heilbad war, um bei der Ernte zu helfen, und auch wir Zimmermädchen waren am Nachmittag für diese Arbeit eingeteilt. So haben wir uns kennen gelernt, bei der Heumahd, bei der gemeinsamen Marende, aber da war sonst nichts zwischen uns, mit den Soldaten hat man damals nichts angefangen, heute sind sie in Zivil, da merkt man das nicht mehr, aber er war ja immer in Uniform. Das war so 1958, 1959. Dann haben wir uns aus den Augen verloren. Jahre später sind tausend Südtiroler zum Papst gepilgert, das war 1964, und in der Früh um halb sechs kamen wir zurück aus Rom, da war auch mein Bruder mit und noch einer aus Innichen, der hat Zither gespielt und wir haben dazu gesungen im Gasthaus. Ich entstamme einer sehr musikalischen Familie und wir haben immer musiziert, wo es ging. Bozen war damals an sich schon eine Weltreise für uns, da haben wir gesagt, nein, so schnell fahren wir nicht nach Hause. Da sind wir also gesessen und haben gesungen und ich sehe da einen am Budel lehnen und denke mir, Teixl, den kenne ich von irgendwoher, aber ich konnte mich beim besten Willen nicht mehr erinnern. So habe ich vorgetäuscht, auf die Toilette zu müssen und setzte mich draußen in seiner Nähe hin und dachte, wenn er mich kennt, dann wird er mich wohl hoffentlich ansprechen. Akrat ist er zu mir gekommen und hat gefragt, ob ich ihn denn nicht mehr kenne, und ich hab ihn ja wirklich nicht mehr gekannt, denn beim Militär war er gut genährt und hat ganz anders ausgeschaut. Seither hatten wir Briefkontakt und haben uns hie und da in Bozen getroffen, heimlich, wir haben niemals jemandem davon erzählt.

Nach meiner Zeit in Altprags war ich auf der Haushaltungsschule in Lienz, als mich die Hanne Tschurtschenthaler aus Sexten fragte, ob ich nicht bei der Familie Segafredo als Köchin in Dienst treten wollte, das ist heute die weltweit berühmte Kaffeerösterei. Die Hanne meinte, Signora Nice ist sehr nett und von den Südtiroler Mädchen begeistert. So bin ich am 1. Oktober 1959 nach Mailand losgefahren. Dort waren wir drei Südtirolerinnen, ich arbeitete als Köchin, die Hanne als Kindermädchen und ihre Schwester Hedwig als Zimmererin. Drei Bedienstete für fünf Leute, die waren reich und konnten sich das leisten. Die Hanne hatte noch eine Schwester, die in Mailand arbeitete in einer wunderbaren Villa bei der Familie Delle Piane, die haben mich dann abgeworben als Kindermädchen, und ich habe gesagt, ja gut, da dort das Gehalt viel besser ist, tu ich mich eben verändern.

Ich war in der Zwischenzeit schon längst wieder vom Militär zurück und habe daheim gearbeitet. Ich bin am Silvestertag 1936 geboren, als viertes von fünf Kindern, der dritte von den Buben: zuerst ein Mädchen, dann die drei Buben und dann noch ein Mädchen, und ein vierter Bub ist mit sechs Monaten gestorben. Als dritter Sohn wäre ich ein weichender Erbe gewesen, aber das war dann so eine Geschichte.

Anstatt mir etwas aufzubauen, musste ich daheim bleiben, weil der älteste Bruder wegheiraten sollte an einen Hof, wo es nur Schwestern gab. Nun ist diesem aber nach neun Monaten die Frau an Leukämie gestorben und da es noch keinen Erben gab und nichts auf ihn überschrieben war, ist er wieder zurückgekehrt und hat alles daran gesetzt, mich aus dem Hof hinaus zu drücken. Und um der Rivalität zu entgehen, hab ich beschlossen auszustellen. Just zu der Zeit ist dieses Höfl hier frei geworden und so habe ich es gekauft mit einem vierzigjährigen Kredit. Und im Jahr darauf haben wir geheiratet und sind hergezogen.

Ich bin viereinhalb Jahre unten geblieben. Die Frau Segafredo wollte mich wieder zurück nach Bologna holen, da hat er mir geschrieben, warum ich mir denn nicht in seiner Nähe eine Dienststelle suche. So ging ich zur Familie Czeschka nach Meran. Dort kam ich just an, als das junge Ehepaar zu einer einmonatigen Hochzeitsreise nach New York aufbrach. Da besuchte er mich oft, von seinen Leuten wusste niemand etwas und von den meinen auch nicht. Bis wir meine Eltern nach Meran einluden und ich ihnen den Alfred vorstellte, die waren gleich hellauf begeistert. Daraufhin hat er mich ins Vinschgau eingeladen und gebeten, ihn ins Widum zu begleiten, das hat uns seine Mutter sehr verübelt, dass er zuvor gar nichts zu ihr gesagt hat, dass sie deshalb auch nichts „Extranes" gekocht hat. Da habe ich sie wohl zu beruhigen versucht und gemeint, das schmeckt doch trotzdem, aber sie war nicht zu beruhigen, beim Handschlag, so hat sie gesagt, gibt es etwas Gescheites zu essen.

Bei uns daheim war eine große Kluft zwischen Eltern und Kindern. Daher kam das. Nur arbeiten und arbeiten und arbeiten. Da ist nie etwas ausgeredet worden. Meine Eltern hatten halt gar nichts, als sie heirateten, und haben auch mit Nichts angefangen. Da durfte man nicht mehr als notwendig verbrauchen, und man durfte auch keine Wünsche haben. Auch am Sonntag hieß es um halb 5 Uhr aufstehen, die Stallarbeit machen, dann erst konnte ich mit dem Zug um acht nach Meran, sie zu besuchen. Zuerst bin ich zum Hochamt bei den Eucharistinern in Obermais, dann zu ihr, das waren nette Leute, die Herrschaften, bei denen sie diente, da durfte ich immer mitessen. Die werden sich gedacht haben, hat der Mensch einen Appetit, aber daheim hatten wir halt gar nichts. Mein Vater hat mir immer gesagt, die in der Stadt sind arm, die haben alle nichts. In Wahrheit war ich es, der nichts hatte. Mit dreißig hatte ich nicht einmal eine Uhr, die hat sie mir zur Hochzeit geschenkt.

Wir feierten Doppelhochzeit, ihr Bruder und sie haben gleichzeitig geheiratet. Von meiner Seite kamen nur meine Schwester Klara, ihr Mann Paul und zwei Kollegen. Es wurde damals nicht so geheiratet wie heute und es war trotzdem schön. Bei uns durften die Mütter nicht Hochzeit gehen, das hätte Unglück gebracht.

Ja jetza, da hätte ich nicht geheiratet, wenn die Mutter nicht dabei gewesen wäre. Diese Tradition gab es bei uns nicht. Wir waren unsere Neune und die Mutter war bei jeder Hochzeit.

Die Hochzeitsreise machten wir hierher in unsere Hütte. Der Vater hatte mir allerhand versprochen, dass er mir das Licht baut und das Wasser her verlegt, weil ich ja keinen Tippel Geld hatte und daheim umsonst gearbeitet habe. Aber er hat sein Wort nicht gehalten. Im Mai haben wir geheiratet und erst elf Monate später im April bekamen wir das erste Milchgeld. Fast ein Jahr lang hatten wir keinen Stuhl, keinen Tisch, nur eine leere Hütte. Aber zusammengehalten haben wir. Wir hätten gar nicht die Zeit gehabt zum Streiten.

Einmal war ich aber schon verärgert: Da hat doch der Alfred am Hochunserfrauentag gemeint, wir müssten Gromet arbeiten, das ist das Heu im zweiten Schnitt. Und ich bin tief religiös erzogen worden. Da habe ich den ganzen Nachmittag geplärrt, weil mein Vater immer gesagt hat, einmal in der Woche muss man den Herrgott gelten lassen, er lässt alles wachsen, der Sonntag wird nicht berührt. Natürlich verrichteten wir die Stallarbeit, aber am Feld wurde nichts getan. Aber der Alfred hat den Gromet einholen wollen, weil er tags darauf dem Vater helfen musste, natürlich umsonst. Das hat mich traurig gestimmt.

Als Vieh hatten wir vier Kühe, die ich von daheim geliehen bekam, und vier weitere Kühe und zwei Kalbelen haben wir uns auf Schulden dazu gekauft. Als nach nicht einmal einem Jahr der alte Ziggelbrunnen, der Ziggelbrunnen im Hof, durchgerostet und kaputt war, hatten wir nicht nur keinen Strom, sondern auch kein Wasser mehr

Anna Jud als Dienstmagd und Kindermädchen in Oberitalien Anfang der sechziger Jahre. Die Mädchen aus Südtirol waren sehr gefragt.

Anna Jud und Alfred Kurz bei einer Bergtour. Nach der Hochzeit blieb zum Wandern kaum noch Zeit. Das Samtband im Haar trägt sie immer noch.

und kein Geld für einen neuen Brunnen. So haben wir das Wasser von der Etsch geholt. Das sind nur ein paar Minuten, der Flusslauf ist ja gleich hinter den Bahngeleisen, aber eine Mühe war es doch, das Wasser in Kübeln bis zum Haus zu bringen, weil die Kühe ja einiges brauchen. Als wir endlich das Geld beisammen hatten, schlugen wir einen neuen Ziggl, aber erst bei 23 Metern Tiefe ist ein gutes Wasser gekommen. Wenn man überlegt, dass wir das alles händisch herauf pumpen mussten, weil wir ja keinen Strom hatten, dann war das schon immer noch Arbeit. So haben wir weiterhin jeden Regentropfen aufgefangen, zur Bewässerung des Gartens und der Blumen. Bis 1977 verwendeten wir den Zigglbrunnen, dann wurde für das Dorf die Leitung gebaut und wir konnten uns anschließen, was uns wieder fünf Millionen Lire kostete, ein Haufen Geld.

Wir sind ja eigentlich hierher gezogen, weil sie versprochen haben, gleich die Wasserleitungen zu bauen und Strom zu verlegen, über ein Jahrzehnt hat sich das dann hingezogen.

Gelebt haben wir nur von den sieben, acht Kühen und der Milch. Das wäre nicht mehr möglich. Wir haben, das müssen wir wirklich gelten lassen, immer Glück gehabt, mit dem Stall, mit den Kindern, mit dem Vieh, den Stieren, immer war alles gesund. Andere Bauern hatten konstant kranke Kühe und das ging nicht und jenes ging nicht, bei uns klappte immer alles wie am Schnürl.

Als wir das erste Jahr verheiratet waren, hat mir einer aus Eyrs erzählt, dass sein Vater wild klagt, dass der Alfred weg ist, der Vater selbst hätte es zu ihm direkt nie gesagt. Ich glaube, bei uns im Stall ging immer alles so gut, weil auch im Hause immer Frieden herrschte.

Natürlich muss man die Tiere auch lieben, mit ihnen reden, nicht sie behandeln wie einen Tisch oder Stuhl oder einen toten Gegenstand. Man muss Gefühl haben mit den Tieren, genauso wie mit den Pflanzen, und das hatten wir immer. Ich war ein leidenschaftlicher Viehzüchter, so haben wir für die Zuchtstiere einen Haufen Geld bekommen. Dafür haben wir aber schon auch gearbeitet, von frühmorgens bis spät. Pünktlich wurde gefüttert und pünktlich gemolken, da mochte geschehen, was wollte. Und ein passendes Gras musste es sein, zwischen fünf und sechs Wochen alt von der letzten Mahd. Wir haben immer gemäht, wenn es die richtige Zeit war, bei gutem Wetter haben wir es gleich eingeführt, bei schlechtem haben wir es gehoanzelt, auf Gerüsten getrocknet. Wir waren die einzigen, die diese Gerüste hatten, und das war eine Garantie für gutes Futter und gute Milch. Wir haben immer mehr Milch gehabt als die großen Bauern mit ihren zwanzig Kühen.

Wenn man einen Zuchtstier richtet, müssen schon Mutter- und Vatertier hohe Leistungen haben, von den Formen, vom Typ, von der Kondition her. Stiere haben wir keine mehr, und unsere Kühe werden schon auch künstlich befruchtet, eine natürliche Befruchtung wäre gar nicht mehr möglich. Einen eigenen Stier halten hat auch keinen Sinn, dann hätte man bald die Inzucht drinnen. Das Vieh ist nur mehr ein Objekt, aber so ist die Wirtschaft, da können wir nicht alleine dagegen ankämpfen.

Heute fragt der Händler oder Metzger nicht, wie viel das Tier in der Produktion gekostet hat. Heute sagt er, ich geb dir da soviel und wenn du willst, dann gib es mir, wenn nicht, dann behalte es. Wir haben damals für einen guten einjährigen Stier mehr bekommen als für eine dreijährige Jungkuh. Mit der Zeit sind wir schon auch bekannt geworden für unser gutes Händchen. Ein guter Stier war in den siebziger Jahren 800.000 Lire wert. Wir hatten nie einen großen Stall, 15, 16 Kühe waren das Maximum, aber wir hatten immer Qualitätsvieh und eine entsprechende Entlohnung. Damit und mit dem Geld für die Milch haben wir unseren vierzigjährigen Kredit abbezahlt, davon haben wir gelebt und davon haben wir uns auch Jahr für Jahr etwas Neues gerichtet. 2008 ist der Kredit zu Ende gegangen, das war ein schönes Gefühl, aber so ein Kredit hilft auch arbeiten. Bei diesem Kredit zahlten wir nur 1 Prozent Zinsen, da hat uns die Inflation enorm geholfen. Am Anfang waren das zwei Kühe im Jahr, das war zach, am Ende dann nur mehr ein Kalbl.

Am schlechtesten ging es uns, als wir den Stadel bauten.

Der Bauer musste ja immer mehr produzieren, weil er immer tiefere Preise erzielte. So beschlossen wir, einen neuen Stadel zu bauen, um mehr Vieh halten zu können. Und wir pachteten einen Grund, um auch mehr Heu zu ernten. Da begannen für uns die schlimmsten Zeiten überhaupt, denn das waren ja die Jahre der großen Inflation: Die Zinsen steigerten sich 1981 auf 22 Prozent und die Baukosten verdoppelten sich von 80 Millionen auf 160. In dieser Zeit sind viele um ihr Hoamat gekommen.

Der älteste Bub besuchte zu jener Zeit bereits die Schule in Bozen und die älteste Tochter war in Meran, so hatten wir den beiden auch noch das Heim zu zahlen und ein bisschen Taschengeld geben wollten wir ihnen auch, das waren zusammen 200.000 Lire pro Kind im Jahr. Und wir wussten, wenn wir den Zins nicht mehr zahlen können, so sind wir erledigt. Was wir mit den Rechnungen zum Inspektorat gelaufen sind! Das versprochene günstige Darlehen für den Stadel kam lange gar nicht und dann nur zur Hälfte. Wir mussten die Kinder einspannen und einen weiteren Kredit aufnehmen, um die Arbeiter und das Material bezahlen zu können. Da habe ich durch Zufall von einem kostenlosen Kredit in Deutschland für Abwanderer gehört. Da mein Vater 1939 auch optiert hat, bin ich zum Katholischen Verband der Werktätigen, aber dort hieß es, es braucht eine Wertschätzungsurkunde, 1939 sind ja alle Höfe geschätzt worden. Aber ich fand keine Urkunde, mein Vater, der inzwischen gestorben war, hat damals sicher anderes im Kopf gehabt, er hatte fünf kleine Kinder und drei alte Leute zu versorgen, hat dem deutschen Reich auch noch 16 Stück Vieh, ein Ross, Milch und Getreide und Fleisch zu stellen gehabt und dann auch noch einrücken müssen. So bin ich noch einmal nach Bozen und habe gesagt, wenn sie mir nicht helfen, muss ich den Hof hergeben, und da haben sie es ohne Urkunde versucht. Kurz darauf bekam ich tatsächlich 60.000 Mark auf zehn Jahre zinslos. Damit kamen wir wieder weiter.

Wir haben vier Kinder, zwei Buben und zwei Mädchen. Der Sebastian wurde am 10. Mai 1968 geboren und am 8. Mai, zwei Tage davor, hat der Alfred gesagt, jetzt gib endlich Ruhe, damit das Kind auf die Welt kommen kann. Ich habe bis dahin die Wasserkübel von der Etsch her getragen, ich hatte ja die Kühe zu tränken. Und damals hieß es schnell über die Geleise springen, die Unterführung gibt es erst seit der neuen Vinschgerbahn. Die Sabine wurde ein Jahr später geboren, am 3. Mai und wieder fast genau ein Jahr darauf, am 14. Mai, ist der Florian gekommen und drei Jahre danach die Annemarie am 25. April. Geheiratet hatten wir auch im Mai.

Den Hof habe ich schon vor zehn Jahren übergeben, die Arbeit habe ich behalten, aber das ist schon recht so, ich bin zufrieden. Übernommen hat ihn der Drittgeborene, der zweite Bub sozusagen. Der älteste hat fleißig mitgeholfen, aber lieber Maschinenbau gelernt. Die Bauernschaft übernehmen muss nicht zwangsläufig der erste, da sind früher sicher manche auch nicht glücklich gewesen mit diesem Recht des Erstgeborenen, das oft vielleicht auch eine Pflicht war. Der soll den Hof weiterführen, der eine Freude damit hat. Von meinen Enkeln hier am Hof hab ich auch das Gefühl, dass sich der zweite mehr dafür interessiert als der älteste, der lenkt den Traktor, seit sein Fuß das Gaspedal erreicht.

Die Schwiegertochter ist spätestens um dreiviertel sechs in der Früh außer Haus. Da schaue ich auf die Kinder und die jüngste Tochter hilft mir, sie wohnt hier, sie hat einen sozialen Beruf gewählt.

Früh aufzustehen war früher normal. Um Punkt fünf war ich wach, da brauchte es keinen Wecker: und direkt in den Stall. Den Kaffee hat sie mir dann manchmal nachgebracht, und ein paar Kekselen, dann hat man gefrühstückt und sich abgewaschen und gekämmt und dann bin ich mit dem Traktor aufs Feld, hab gemäht und gewassert, die Bleche der Waale, also der Bewässerungsgräben, auf- und zugemacht, damals gab es ja noch die Waalelen, und dazwischen immer wieder in den Stall schauen, ob das Vieh etwas braucht.

Eine Zeitlang hatten wir auch Korn, dann auch Gemüse für den Verkauf, aber das haben wir bald gelassen und nur mehr für uns produziert, das wäre nicht gerecht gewesen, dem Vieh die Zeit zu entziehen.

Uns gehört die Wiese bis zur Etsch hin, aber wir haben nur drei Obstbäume, zum Naschen und für die Marmelade. Wir sind einfach Viehbauern aus Überzeugung und verlangen vom Vieh nicht mehr, als es imstande ist. Deswegen werden die Kühe bei uns auch alt. Sonst bringen sie keinen Gewinn. Bis eine Kuh mit drei Jahren das erste Mal kälbert, kostet sie den Bauer 2.500 Euro, wenn sie dann nur noch

Die Familie von Anton Kurz. Wie sich Bauersleute früher mit dem schönsten Stier fotografieren ließen, taten sie es später mit dem Traktor.

Alfred Kurz Ende der fünfziger Jahre nach der Musterung: „Er war ein fescher Mann, aber das ist er heute noch …"

Anna Jud einen Monat nach der Vermählung mit einem Patenkind, einer Nichte ihres Mannes.

zwei Jahren lebt und für das Fleisch allerhöchstens 500 Euro herausschauen, hat man draufgezahlt. Das mit den Turbokühen ist ein einziges Defizit, da wurde viel Unsinn propagiert. Fast zwölf Jahre lang war ich im Ausschuss vom Braunviehzuchtverband, dann bin ich mit den Herren dort komplett übers Kreuz gekommen, weil ich das gesagt habe. Jetzt, wo es zu spät ist, geben sie mir recht.

Wir haben auch junge Facken produziert, im Juni haben wir sie uns gerichtet, um Weihnachten haben wir sie verkauft. Einmal ist der Preis gefallen und wir haben sie kaum mehr weggebracht. Ich konnte gar nicht mehr schlafen vor Sorge, wir waren in totaler Geldnot, jedem Metzger zwischen Naturns und Mals habe ich sie angeboten, aber die hätten nur 2.800 Lire das Kilo bezahlt. Und just als ich wieder unterwegs war Käufer suchen, kamen zwei Herren auf den Hof, und die Frau gab sie ihnen nicht, weil sie glaubte, dass ich vielleicht jemand gefunden hätte. Da war ich verzweifelt, denn die Herren hatten keinen Namen hinterlassen. Wieder zwei schlaflose Nächte, bis sie nochmals kamen und uns tatsächlich alle Facken abnahmen, für 3.600 Lire pro Kilo Schlachtgewicht. Da habe ich endlich wieder geschlafen, aber Facken habe ich nur noch für den Eigengebrauch gehalten.

Auch Hühner haben wir aufgezogen: Einmal 3.000 in einem Winter, zu je 3.000 Lire das Stück, das waren neun Millionen Lire, wenn auch schwer verdient. In der Nacht sind wir abwechselnd jede Stunde aufgestanden, öfters als bei einem Säugling, um zu schauen, ob alles stimmt, weil wenn da der Strom oder die Heizung ausfällt, sind sie alle hin. Sie brauchen konstant 32 Grad. Einmal ist mir der Wärmeschirm ausgefallen und da haben sie sich aus Kälte aneinander und aufeinander gedrückt, da sind mir an die hundert Küken zugrunde gegangen, das ist halt das Lerngeld. Jetzt haben wir nur noch Hühner für uns selber und an die hundert Legehennen. Großziehen tun wir die Küken nicht mehr, mit den Riesenhallen mit tausend Küken könnten wir nie konkurrieren. Unsere Hennen lassen wir frei umherlaufen, die kommen abends immer zurück.

Geblieben ist das Vieh, da haben wir uns langsam Maschinen gerichtet für das Heu, zuerst für das Wenden und Zusammenführen, dann ein Förderband zum Stadel hinauf. Ich sehe meine Frau noch vor mir, wie sie das Heu vom Ladewagen auf das Förderband wirft, während die Kinder oben im Stadel brav hucken mussten, bis ich oben alles aufgeschichtet hatte.

Bei mir herunten wäre es wegen der Maschine zu gefährlich gewesen. Wir waren ja immer nur zu zweit, wir hatten keine Großmutter am Hof, keine Tante, niemanden. Später haben wir ihnen kleine Rechen und Gabelen gerichtet, so dass sie ein bisschen mithelfen konnten. Ich glaube, sie hatten es gut, trotz aller Not. Wir hatten ja ewig keinen Fernseher, da wir ja ohne Strom waren. Sie haben gespeckert und gespielt und im Winter Schneemänner gebaut. Wenn ich zu meinen Enkeln sage, lasst uns Karten spielen, spielen sie lieber mit dem Nintendo. Wenn ich ihnen Marmelade aufs Brot streiche, wollen sie lieber die gekaufte Nutella. Nur meine Butter mögen sie. Das Brot mache ich nicht mehr selbst, das bringt mir die Schwiegertochter, die hat mit ihrem Bruder eine Bäckerei gepachtet.

Gekocht hat sie immer gut, in Bologna hat sie ihre Kochkünste wirklich verfeinert.

Nicht gegessen hat er mir nur den weichen Plent nicht, unten hatten wir ja ein feines Mehl, und Marmorkuchen mochte er auch nicht. Aber sonst hat er alles von hier und dort gegessen, die Pusterer Hasenöhrln mit gedünstetem Kraut genauso wie den Vinschger schwarzplentenen Riebel.

Als ich jung war, hatte ich nichts, und als ich hier war, hatte ich auch nichts, aber ich habe immer gesagt, besser ein kleiner Bauer als bei einem großen Bauern Knecht. Was ich aber schon gern gemacht hätte, wäre eine bessere Ausbildung. Ich habe mit sechzehn die landwirtschaftliche Schule in der Fürstenburg besucht, zwei Jahre lang, und dann vermittelte der Landwirtschaftsassessor Peter Brugger den besten Schülern in Deutschland eine dreijährige Ausbildung zum Agrartechniker. Und ich war darunter! Da wäre ich ein Herr gewesen.

 Aber da war diese Kluft mit den Eltern, dass ich schon wusste, darüber werden wir nicht reden können, denn ich hatte ja auf dem Hof zu bleiben und zu arbeiten. So habe ich den Brief für die Anmeldung offen auf dem Tisch liegen lassen. Dauernd habe ich geschaut, ob er anders da liegt oder ob er überhaupt noch da ist, aber nichts geschah. Erst vier Tage vor der Anmeldefrist, am 6. Juni 1955, habe ich zu meiner Mama gesagt, habt's den Brief nicht gelesen? Ja freilich, hat sie geantwortet, ja dann, sagte ich, ich müsste mich jetzt melden, da sagte sie, der Tata hat anders geschimpft.

Er ist trotzdem immer hinein gegangen helfen.

Man hängt ja am Hoamat, auch wenn ich nie etwas dafür bekommen habe, gar nichts, nie, überhaupt nie, auch keinen Dank.

Wir waren zu neunt und haben auch gestritten, aber wenn es darauf angekommen ist, haben wir zusammengehalten, auch heute noch. Wir haben alle einen sehr starken Bezug zum Hoamat, vielleicht weil es ein Erbhof ist, mein Ururgroßvater hat sich als weichender Erbe 1753 in Oberpapping angekauft.

In Goldrain habe ich einmal einen Kurs besucht, wie man Stammbäume zeichnet, da hat der Referent aus Deutschland erzählt, dass er für eine Familie aus Olang 2 Quadratmeter Pergamentpapier gebraucht hat, um für den Stammbaum Platz zu haben. Da war es tatsächlich die Familie Jud, ihre Familie, die ist bis ins 12. Jahrhundert zurückzuverfolgen.

Ich hätte schon auch gern studiert, meine Lehrerin hat immer gesagt, das Nannele müsst ihr studieren lassen, die ist so begabt, aber mein Vater hat immer gesagt, nein, nein, jetzt warten wir noch ein Jahr und noch ein Jahr, weil er gesehen hat, dass ich auch jene bin, die im Stall am besten geholfen hat.

Wir haben schon auf vieles verzichten müssen. Wahrscheinlich würde ich wieder Bauer werden, aber einen besseren Anfang würde ich mir schon wünschen. Heute bekommt einer vom Land einen Höfekredit, wenn er den Hof übernimmt und die Geschwister auszahlen muss. Aber es ist schon gegangen, weil verwöhnt waren wir beide nicht.

Ich habe mich gut eingelebt hier, in Eyrs habe ich den Theaterverein und die Näherinnenvereinigung gegründet, Volkstanz habe ich auch gemacht und beim Kirchenchor bin ich, neun Jahre lang war ich Ortsbäuerin. Da haben dann alle gesagt, so jetzt ist die Vinschger

Tracht fällig – bis dahin hatte ich immer noch die Pusterer getragen. So habe ich mir meine Vinschger Tracht genäht, das gehört so, dass man sie sich selber näht. Ein Samtband trage ich seit meiner Jugend immer im Haar, mit der Tracht ein schwarzes, sonst ein rotes. Auf so etwas halte ich, auch meine Haare würde ich mir nie schneiden lassen, der Zopf ist zwar dünner als früher, aber auch der Alfred sagt, mit kurzen Haaren lässt er mich nicht bei der Haustüre herein. Als ich mich einmal verletzt hatte, hat er mir den Zopf gemacht, und wenn ich alt bin und gebrechlich, wird er ihn auch machen, hat er mir versprochen.

Die Frau und die Dirn haben herhalten müssen

Midl Leider „Dox" Tötsch, Rain/Pfitsch

Die Gipfel der Zillertaler Alpen in der Ferne schneebedeckt, die Wiesen grün, eine Postkartenidylle auf den ersten Blick, wie die Straße über den Bach führt mit den geschliffenen Steinen, durch das Dorf Kematen zum Weiler Rain. Mitunter Ernüchterung beim zweiten Hinsehen, das Nylon der Futtersäcke vom Wind zerfetzt auf manchen Feldern. Midl Leider „Dox" Tötschs Häuschen steht mittendrin, kein Stall, kein Stadel, der gepflegte Garten und das Haus umzäunt. Neben der Tür hängt ein Weihwassergefäß.

Midl Leider stammt aus Rain im Pfitschertal, im Hof unter ihrem Häuschen ist sie aufgewachsen, von hier hat sie auch den Übernamen „Dox". Umsonst hat sie hier gedient, zuerst dem Vater, dann dem Bruder, bis sie 72 wurde. Keine Lira bekam sie je dafür und nur nach Protesten eine Krankenversicherung und monatliche Rente. Zwei Kinder hat sie, der Sohn arbeitet als Elektriker bei der Eisenbahn in Sterzing, die Tochter wohnt in Brixen. „Wir haben heute spät gevormaßt", sagt sie, als in der Stube die Penduhr zwölfmal anschlägt, das Vormaßen kommt vom „Vor-dem-Essen" erklärt sie gleich dazu, das Mittagessen kann warten, „jetzt trinken wir zuerst einmal ein Schnapsl". Sie setzt ihn selber an mit Enzian, Meisterwurz und Preiselbeeren, jeden Sommer geht sie „in die Glan", Preiselbeeren klauben heißt das.

Das Haus ist vom Erdgeschoss bis ins zweite Stockwerk ein einziges Museum, viertausend Gegenstände hat sie gesammelt, die Uhr- und Charivariketten und Nickelbrillen der Großväter, unzählige Fotos, Verdienstabzeichen und -ringe des Kaisers, alte Schriften aus Kalbsleder, ein Grundbuchsdokument aus dem Jahr 1595 auf Pergament, Griffelschachteln und Kalender, eine Geige anno 1668, Rosenkränze, Monstranzen, Heiligenbildchen, Kandelaber, Haarkränze aus Wachsperlen, thematisch in eigenen Kammern geordnet. Den Dachboden sperrt sie nicht auf, der sei nicht aufgeräumt.

In der Küche habe ich nur die Gerätschaften, die ich tagtäglich benutze, und das wenige, das ich zum Leben brauche. Wenn man alt ist und alleine wohnt, ist das ja nicht mehr viel, das meiste wächst im Garten, den Speck bekomme ich von der Schwester, nur den Feigenkaffee kaufe ich und den Wein und den Schnaps, den ich aber selber ansetze. Vor der Enzianwurze muss man den Hut ziehen und vor der Meisterwurze in die Knie gehen, so gute Medizinen sind das für den Magen. Die Meisterwurze findet man hoch oben in den Bergen, das sind Pflanzen mit großen Plätschen und langen Wurzeln dran. Der Enzian ist der langstielige, der weiße, der hat kleinere, dicke Wurzeln.

Das Zimmer hier war einst das Schneiderzimmer meines Mannes Peppe, er war nicht Bauer, sondern Schneider, und so war zumindest er daheim bei den Kindern, da ich von früh bis spät am Hof des Bruders arbeitete. Ich sammle, seit ich denken kann, meine Mutter hat immer schon gesammelt. 48 schwarze Trachtenhüte habe ich und zu jedem dieser „Plunhuete" die passende schwarze Schürze, die man sich um die Hüfte bindet, wir sagen „Firschta" dazu. Die „Plunhuete" hat man früher bei den Prozessionen getragen. Aufpassen muss ich wegen der Motten, das wäre ein Jammer. Deshalb habe ich jedes einzelne Kleidungs- oder Trachtenstück in Zeitungspapier gewickelt und mit Anti-Motten-Clips versehen, aber ich nähe auch getrockneten Lavendel in Säckchen ein und lege diese in die Schachteln dazu.

Früher hab ich immer Hüte getragen, jetzt kaum mehr. Jetzt trage ich meine weißen Haare mit Stolz, denn das Alter lässt sich nicht verstecken, da hilft kein Schmieren und Schmirgeln. Als junge Mädchen haben wir, wenn wir in die Stadt fuhren, die herrischen Hüte aufgesetzt. Dieser rote hier war besonders teuer, den hab ich aufgehabt, als ich das erste Kind der Nachbarin nach Kematen zur Taufe trug. Früher hat man ja die Säuglinge eingefatscht von den Zehen bis zum Kopf, deshalb sind wohl auch viele gestorben. Für die Taufe gab es eigene Fatschen, die sind feiner gearbeitet, nicht nur bestickt, sondern auch mit Spitzen versehen.

Kinder hat man immer geschwind nach der Geburt getauft, ohne dass die Mutter dabei war, aus Sorge, sie könnten ungetauft sterben. Damit sie nicht zu kalt bekamen, hat man sie in die Kule eines Polsters gelegt, hat ihnen ein besonderes Taufkleid angezogen und ein Käppchen, so hatten sie es schön warm in den Gänsefedern. Von drei Kindern der Nachbarin war ich Patin, es war schon anstrengend, mit dem Bündel auf dem Arm so weit zu gehen, bis nach Kematen. Und die Großmutter der Kinder hat in der Zwischenzeit eine Nudelsuppe gerichtet und Apfelküchel für danach. Als Patin hatte man ansonsten keine besonderen Aufgaben, es jeweils zum neuen Jahr auszahlen, zu Ostern den Mädchen ein Brot in der Form einer Henne bringen und den Buben eines in der Form von einem Ross, und zu Allerheiligen ein paar Meter Stoff. Ich zahle heute noch meinen Patenkindern am 1. Jänner 15 Euro, wenn sie kommen, mir ein gutes Neues wünschen, auch wenn sie schon fünfzig Jahre alt sind. Manchmal war es auch so, dass die Patin die Kinder aufgezogen hat, wenn deren Mutter gestorben ist, meist übernahm das aber die Schwester der Mutter.

Diese Bruchbinden hier hat man verwendet, wenn einer einen Leistenbruch hatte. Die Bauern waren ja oft verletzt, die Arbeit war einfach hart und schwer früher, körperlich schwer. Und in diesem Schrank befinden sich die Schuhe, dieser hier wiegt 1 Kilo 60, nicht das Paar, ein einzelner Schuh wiegt so viel, auch die Kinderschuhe wogen so viel. Und diese Holzknospen hat man verwendet, um in den

Stall zu gehen, meist war das ja alles eines, das Haus und der Stall, zumindest hier bei uns, und dann ist man nur mit den Schuhen oder Patschen hineingeschlüpft, früher ist man ja im Stall aufs Klo gegangen, im Winter, wenn es kalt war.

In jungen Jahren ging ich oft zum Preiswatten und wenn man gewonnen hat, bekam man eine farbige Pescht, diese bunte Seidenschleife mit der Masche drauf, da hatten wir schon immer einen Stolz und haben sie uns an die Schranktüren gehängt. Ich hatte gar nicht Platz in meinem Schrank, so oft habe ich gewonnen. Und das ist die Kappe für die Kopfkraxn, da hatte man auf dem Kopf ein Brettl und hinten am Rücken ein Brettl und damit hat man Würste getragen und Käse. Und das da ist die Pinz, die hatte man den ganzen Sommer am Buckel, die hat man in der Früh direkt an der Quelle im Wald mit eiskaltem Wasser gefüllt und wenn man Durst hatte, schob man sie sich über den Kopf, um aus der Öffnung zu trinken, wer es nicht richtig machte, hat sich selber angeschüttet. Das Kölnisch Wasser hat man sich in eine kleine Feldflasche eingefüllt und diese in den Kaltsack gesteckt. Das sind die tiefen Rocktaschen im Kittel, vielleicht hat man Kaltsack gesagt, weil man sich hier die kalten Finger wärmen konnte. Und dieser hölzerne Rucksack ist ein Mesnerkandele, der hat zwei Fächer. Damit ist der Mesner jedes Jahr im Februar von Haus zu Haus gegangen, ums „Läutfutter". Die reichen Bauern schütteten ihm Getreide ins große Fach und gaben ihm zwei Laib Brot, und die armen schütteten ihm ihre Ration in die kleine Abteilung.

Wir waren besser gestellte Bauern. Der Vater meiner Mutter hat dreißig Jahre lang in Pfitsch die Steuer eingetrieben, von Haus zu Haus ist er gegangen. Ein schöner Beruf war es wohl nicht, aber er soll ein sehr feiner Herr gewesen sein und auch nett zu seiner Familie. Auch mein Urgroßvater mütterlicherseits war im Dienste des Kaisers. Bei der Familie des Vaters war es anders, die war grob und wild und zornig. Ich bin mir fast sicher, dass der Großvater väterlicherseits seine erste Frau erschlagen hat, da war mein Vater 17 Jahre alt, als sie starb. Früher hat man in solchen Fällen immer gesagt, sie hat eine zu heiße Fleischsuppe getrunken, als Todesursache. In Wahrheit haben fast alle Männer ihre Frauen geschlagen, und viele sind daran gestorben. Auch mein Vater war gewalttätig, das hat er wohl geerbt oder einfach so gesehen, die haben immer richtig zugeschlagen, ob es die Frau war oder ein Kind. Und getrunken hat man früher viel, wenn sie im Winter Korn gemahlt haben, da hatte man die Weinfässer im Haus und hat einfach ständig abgezapft ohne zu denken, dann sind sie mit Räuschen zurückgekommen und haben zugeschlagen, da ist die Mutter dann oft schnell zu uns ins Zimmer geschlüpft und hat zu den Schwestern gesagt, versteckt euch im Stroh. Mich hat er nie angerührt, aber eine Schwester konnte er nicht leiden, die hat er einfach grundlos geschlagen, ich werde schon so brav gewesen sein in seinen Augen.

Am Barbaratag, am 4. Dezember 1930, wurde ich geboren, um halb 10 Uhr Vormittag, ein Pfinstig war das, ein Donnerstag, und meine Mutter hat immer gesagt, als ich auf die Welt gekommen bin, war der Teufel auch dabei. Man hat mich immer die Radlführerin geheißen, die Rädelsführerin. Zehn Kinder waren wir, aber es waren immer viel mehr am Hof, manche zeitweise zur Pflege und fünf hat die Mutter angenommen, zwei aus Neumarkt im Unterland, die Tilde und die Helga, den Herbert aus Meran und dann waren da noch der Bruno und das Seppele. Der Vater von den zwei Mädchen war im Krieg und deren Mutter in großer Not, so hat die meine sie angenommen. Sie hat nie einen Unterschied gemacht zwischen den eigenen und den angenommenen, sie war im ganzen Pfitschertal beliebt und eine ganz Goldige. Sie hat der Vater auch nicht geschlagen, nur die eine Schwester eben und den Fritz und den Willi. So wie das heute normal ist, dass man nicht schlägt, so war es früher normal, dass man schlägt, schlagen hieß erziehen.

Ich war die Achte, wir waren fünf Gitschen und fünf Buben, zwei haben nicht überlebt, die Älteste ist 1920 geboren und ich als Achte 1930, das waren acht Kinder in zehn Jahren. Der erste Bruder, der hieß Fritz wie dann der nächste auch, ist nur wenige Stunden alt geworden. Meine Mutter hat immer gesagt, er sei gestorben, weil sie ihm nicht geschwind noch vor der Taufe ein Mus zum Essen gegeben habe. Die Frauen hatten damals kaum Milch zum Stillen, die hatten einfach viel zu viel Arbeit, da hat der Körper nicht mitgemacht. Ein Kind, das stark auf die Welt gekommen ist, hat überlebt und eines, das schwach war, das ist gestorben. Jener, der gleich gestorben ist, war der erste Sohn, das war besonders tragisch, aber danach sind zum Glück noch vier weitere Söhne gekommen. 1925 ist dann eine Tochter gestorben, die Marie, sie war schon einige Monate alt, niemand wusste eigentlich, woran sie starb.

Fototermin nach getaner Holzarbeit: Nach monatelang gemeinsam verrichteter Arbeit wurde eigens ein Fotograf bestellt.

Auf der Alm des Vaters im Zillertal. Die Sommermonate waren für Maria Leider „Dox" Tötsch die schönsten.

Fronleichnamsprozession im Nachbardorf St. Jakob: Jungfrauen durften Kränze tragen, ledigen Müttern war dies verboten.

Bei einem Nachbarn sind von elf Kindern neun gestorben, die sind immer nur so fünf Monate alt geworden. Heute würde man sagen, dass die Mutter überfordert war oder die Kinder vernachlässigt hat, damals hat man gesagt, sie hat sie zu fest gefatscht und zu streng an der Wiege festgebunden, dass sie nicht heraus fallen, während sie am Feld war. Sie hat sie neben den Ofen gelegt und unter die Decke geschoben, wo sie dann zu heiß hatten und sie keine Luft bekamen, sie ist in der Früh gegangen und erst abends wieder heimgekommen. Monatelang hat sie die Säuglinge nur mit Kamillentee ernährt, hat ihnen einfach nur die Flasche mit dem Tee in den Mund geschoben, so wie man die Lämmer aufzieht, und als sich die Frauen des Dorfes anboten, ihr zu helfen, hat sie sie verschickt. Vielleicht war sie ja depressiv oder psychisch krank, wie man heute sagt. Heute würde der Sozialdienst kommen, aber früher ist einfach das Vieh vorgegangen und dann kamen die Felder und dann die Kinder, das war so. Im ersten Weltkrieg haben sich zuerst die Knechte satt essen dürfen, da man diese für die Arbeit brauchte, die Kinder bekamen, was übrig blieb, wenn etwas übrig blieb.

Ich bin in Afens geboren worden, am Eingang des Pfitschertales, im Haus der Hebamme, getauft wurde ich in Wiesen. Die Hebamme hatte selbst eine Schar von Kindern und konnte deshalb nicht bei uns daheim zuwarten, also ging meine Mutter zu ihr, als sie spürte, dass es nicht mehr lange dauern würde.

Wo ich jetzt wohne, das ist das alte Zuhäusl meines Heimathofes, hier wohnte früher der Knecht mit Familie, dafür musste er umsonst arbeiten. 1965 haben wir das Zuhäusl nieder gebaggert und neu aufgebaut, so baufällig war es, dass man es nicht mehr herrichten konnte. Mein Mann kam von St. Jakob, sie waren acht Geschwister bei ihm daheim, drei sind im Kindesalter gestorben. Sein Vater war auch schon Schneider.

Zur Schule ging ich von Rain nach Kematen. Vor der Schule mussten wir täglich in die Kirche, und wehe man fehlte einmal! So sind wir immer schon vor halb sieben aufgebrochen, in einem halbdicken Mantel, in einem Kittel und wollenen Unterhosen. Strümpfe gab es nicht. Wir hatten auch keine Schuhe, auch bei Schnee nicht, wir gingen in unseren Stutzen, die waren aus Schafwolle gestrickt und mit einem Band oberhalb der Knie zusammengebunden, die Sohle war mit Loden ausgelegt und hielt die Nässe erstaunlich gut ab, heute verwendet man Filz, aber damals war es gewalkte Wolle. Wir sind immer in der Dunkelheit gegangen, ohne Fackeln und Laternen, da hatten wir schon eine Freude, wenn der Mond schien und der Schnee das Licht reflektierte.

Die Schule war eiskalt, das Klassenzimmer war ein langer Raum mit einem Ofen ganz hinten. Wir waren an die achtzig Schüler und wären alle gern nahe beim Ofen gesessen, das war tagtäglich ein Gerangel, wer dort sitzen durfte, denn für die anderen hieß es weiterfrieren. Damals ist ja noch kein Schneepflug gefahren, so hieß es bei Schnee immer selbst den Weg treten, das war sehr anstrengend, vor allem für die Kleinen war es mühsam durch den Schnee zu stapfen, der oft höher war als ihre Beine. Einen Schneepflug gab es erst ab 1948, bis dahin hat der Knappenwirt manchmal mit seinen Rössern und dicken Holzbrettern einen Weg gezogen.

Nicht selten mussten wir im Winter statt in die Schule in den Wald, um Brennholz zu suchen, die eine musste den Kühen vorgehen, die andere die Kühe an den Ketten führen und die dritte das Holz halten. In meiner Kindheit verbrachte ich Wochen im Wald, um Strebe zu führen, das Kleinholz, das man auch für das Ausmisten braucht. Sobald es Frühling und aper wurde, mussten wir die Geißen, Ziegen und Schafe hüten, und in den Feldern mussten wir die Steine aufklauben, damit die Sägen nicht kaputt werden. Und im April gingen nur mehr die Kleinen zur Schule, die Größeren hat man als Arbeitshilfen gebraucht. So hat man nicht viel gelernt, lesen und schreiben erlernte ich eigentlich erst später, als ich es brauchte.

Schule ging man damals genau bis zum vierzehnten Geburtstag. Das muss man sich vorstellen, morgen werde ich vierzehn, also gehe ich heute zum letzten Mal Schule. Am 3. Dezember 1944 bin ich noch Schule gegangen und am 4. Dezember nicht mehr. Wir waren eh froh, mein Bruder und mein Schwager haben ohnehin immer geschwänzt und sich im Wald versteckt. Es gab ja keinen Sprechtag und so hat es die Mutter nie erfahren. Andere sind lieber in die Schule gegangen und waren traurig, wenn sie arbeiten statt lernen mussten, aber uns war das völlig egal. Es war auch nicht so, dass uns am ersten Schultag die Mutter begleitet hätte.

Ich kann kein Wort Italienisch, zwei Winter lang habe ich wohl die italienische Schule besucht, aber danach hatten wir die deutschen Sprachkurse und keine Gelegenheit mehr, italienisch zu reden, weil mein Vater 1939 bei der Option für Reichsdeutschland optiert hat. In dieser Gegend hat sich eine einzige Familie fürs Dableiben entschieden, die wurde von allen gemieden. Aber als im September 1943 der Hitler über den Brenner ist und die Deutschen hier einmarschiert sind, haben wir Kinder uns sehr gefürchtet.

Ich hätte gerne Ziehorgel gelernt und konnte auch schon einige Bässe, das habe ich mir selbst beigebracht, aber mein Vater ließ mich nicht, nein, hat er gesagt, du tust arbeiten. Und meine Schwester hätte so gerne nähen gelernt, aber da hieß es ebenfalls nein und wenn es einmal nein geheißen hat, wurde darüber nicht mehr gesprochen. Nur einen Winter lang durfte sie ein wenig nähen lernen, aber auch das nur, um daheim die Löcher zu flicken. Auch der Bruder Seppel durfte nur einige Monate Schuster lernen, grad so viel, um unsere Schuhe zu flicken. Wir durften immer nur daheim arbeiten. Uns eine Ausbildung zu zahlen, darin sah der Vater keinen Sinn und auch zu teuer erschien es ihm.

Doch hatten wir es auch schön, den Frühling habe ich immer herbeigesehnt. Jeden Frühling ging es ins Zillertal, das ist nicht weit von hier, nur über die Berge. Dort hatten wir eine Alm, die mein Bruder, der Hoferbe, 1969 verkaufte, als sie dort den Stausee bauten, da sind mir schon die Tränen gekommen, als er das tat.

Die Zeit auf der Alm haben wir immer genossen, da waren wir frei. Da sind wir um 4 Uhr früh weg von zu Hause mit dem Vieh und vierzehn Stunden gegangen. Schon als Zehnjährige musste ich über das Pfitscher Joch Vieh treiben helfen. Wir hatten keine Windjacke, keinen Regenschutz, nur eine alte Joppe, und ich lebe heute noch. Jeden Sommer waren wir dort, wir paar Geschwister mit 30 Stück Vieh und 60 Schafen und ein paar Fackeln. Dieser Zeit trauere ich heute noch nach, auch wenn wir es nicht kommod hatten, der Vater hatte auch viel Korn dort, so mussten wir aufgarben, was für Kinder streng ist. Aber auf der Alm waren wir ohne Aufsicht, das war wunderbar: meine älteste Schwester, die Brüder mit elf und dreizehn und ich mit zehn. Im Juni sind wir hinauf und um den 5., 6. Oktober sind wir von der Alm über das Pfitscher Joch wieder heim, der Vater wäre niemals gekommen, uns zu holen. Wir hatten einen Kalender dabei, da haben wir jeden Tag durchgestrichen, so wussten wir, wann es Zeit war, wieder aufzubrechen. Heute will man die Zehnjährigen noch kindsen, aber damals haben wir alles alleine getan, die Kühe gemolken, die Milch abgetrieben, Butter und Käse gemacht, das Brot gebacken. Bei schönem Wetter haben wir das Vieh noch weiter hinaufgetrieben, bei schlechtem ließen wir es ausfliegen, wohin es wollte, Zäune gab es keine. Die Hütte war klein, sie bestand nur aus einem einzigen Raum, in dem wir kochten, aßen und schliefen, das Backhaus stand gleich daneben.

Auf der Alm mussten wir immer um 4 Uhr früh aufstehen und mit der hölzernen Milchbundel am Rücken die Kühe suchen und melken, denn wenn einmal die Sonne aufgegangen ist, beginnen sie zu grasen und stehen nicht mehr still. Im Freien benutzte man einen Melkschemel mit nur einem Stutzen, einem Bein, nicht etwa drei, und die Kandel hielt man mit den Knien. Wenn sie voll war, mussten wir sie heimtragen, das war schwer.

Manche Kühe sind uns abgestürzt, oder der Blitz hat sie erschlagen, der hat jeden Sommer ein paar Kühe erschlagen, aber da hat der Vater nicht geschimpft, da konnten wir nicht dafür.

Nicht weit von uns war die Dominikushütte und ein, zwei Stunden entfernt das Friesenberghaus, eine Schutzhütte, da haben wir viel gefeiert, getanzt, gesungen und Ziehharmonika gespielt. Da sind auch Zillertaler herübergekommen, so hat mein Bruder dann auch seine spätere Frau kennen gelernt, eine Zillertalerin aus der Ramsau, er ist dort geblieben und ist in Zell auch begraben. Die Wirtsleute der Dominikushütte waren ausgezeichnete Sänger und die Eltern meiner Schwägerin die Jodelkönige vom Zillertal. Auf der Alm war ich jeden Sommer, bis ich geheiratet habe, das restliche Jahr war ich mehr oder weniger daheim oder bei anderen Bauern zur Arbeit. Dirn aber war ich nie.

Wir hatten daheim zwölf Jahre lang eine Dirn. 1926 ist sie zu uns gekommen und 1938 zu Lichtmess ist sie erkrankt und gegangen. Meine Schwestern waren inzwischen groß und so ist sie nicht mehr zurückgekehrt, aber ich hatte noch Kontakt mit ihr, bis sie 1983 starb. Die Dirn war nicht für uns zuständig, sie arbeitete im Feld und Wald, Streb und Mist musste sie führen und jeden Abend die Böden spülen und jeden Samstag in Herrgottsfrüh alle Bänke dazu. Sie war eine arme Haut, sie arbeitete schon, als wir Kinder noch schliefen, und sie arbeitete noch, als wir zu Bett gingen. Für sich hatte sie keine Minute. Gekocht hat bei uns die Mutter, auch das Mus ganz in der Früh. Die Dirn und die Mutter waren beste Freundinnen, die haben miteinander gelacht und geweint, die war der Halt für meine Mutter, die hat alles Leid mit ihr getragen. Selbst hat sie nie einen Mann gehabt, aber wir Kinder waren ihr wie die eigenen, sie war unsere Gotl und hat fast alle von uns zur Taufe getragen. Juliana oder Julia hat sie geheißen, wir haben sie Jule genannt. Meine Geschwister hießen Paula, Hanna, Rosa, Fritz, Seppl, Willi, Otto. Das waren die gängigen Namen, aber auch Julia haben viele geheißen, der Name war dann eine Zeitlang selten.

Meinen Mann hab ich immer schon gekannt irgendwie, aber kennen gelernt habe ich ihn im Knappen-Hof beim Tanzen. Da mussten wir eine ganze Woche lang den Vater betteln und besonders fleißig sein, wenn wir ausgehen wollten oder in die Stadt fahren. Heute rennen die Kinder ohne zu fragen, damals wäre das nicht möglich gewesen. Es war auch verpönt, nur so unter uns Freundinnen und ohne männliche Begleitung in ein Gasthaus zu gehen. So mussten wir nicht nur den Vater überzeugen, sondern auch einen Bruder, dass er mit uns geht.

Zum Abschluss, so um 1, 2 Uhr in der Nacht kam der Polstertanz. Einer spielte mit der Ziehorgel einen Walzer und wir bildeten einen Kreis, da standen dann abwechselnd Frau und Mann, und ein Weib musste in den Kreis hinein mit einem Polster und während die anderen um es herumtanzten, musste es alleine tanzen und sich einen Mann aussuchen, der ihm sympathisch schien. Dem hat es dann den Polster zu Füßen geworfen und beide mussten sich darauf hinknien und sich busseln, auch wenn man sich nicht kannte. Manche haben sich auf den Mund gebusselt, nicht auf die Wange, dann haben gleich alle geschrieen und gepfiffen, wenn es zu viel war. Das Weib musste dem Mann nun den Polster reichen, während die anderen noch eine Runde weiter tanzten, dann ging das Weib in die Reihe zurück und der Mann blieb in der Mitte und suchte sich eine andere aus zum Küssen. Und da hat mein Mann eben mich gewählt, bei ihm war es Liebe auf den ersten Blick, bei mir nicht. Das erste Mal, als ich tanzen gehen durfte, war ich achtzehn, und meinen Mann habe ich bald einmal kennen gelernt, aber ich habe ihn lange nicht ernst genommen und hatte keine Lust mich zu früh zu binden.

Ich gehe jetzt noch gern auf die Wald- und Wiesenfeste, das lass ich mir nicht nehmen, auch als Witwe nicht. Am ersten Sonntag im Juli koche ich in St. Jakob, da hätten sie sicher selbst genug

Weiber zum Kochen, aber wir sind inzwischen eine verschworene Gruppe von vier alten Weibern und freuen uns das ganze Jahr schon darauf, hinter dem Budel zu stehen und zu kochen und zu ratschen. Die Jungen können ja keine Krapfen mehr zubereiten.

Waldfeste gab es früher nicht, aber Kirchtagsfeste, da ist bei uns zu Hause immer besonders lang gefeiert und getanzt worden, da war die Stube im Nu voll, wir mussten nie jemanden einladen, das war so Brauch. Der Vater hat gut Ziehorgel gespielt, und wenn nicht er gespielt hat, hat der Bruder gespielt. Wir hatten aber auch ein Grammophon.

Geheiratet haben wir in Maria Trens, im Wallfahrtskirchlein in der Nähe von Sterzing. Die Mutter ist nicht mitgegangen, bei keinem ihrer Kinder, das hätte Unglück gebracht, das war damals der Aberglaube. Mein Mann hat einfach nicht lugg lassen, er war ein richtig guter Mensch, er hat einfach nicht aufgegeben und mich jahrelang immer wieder um meine Hand gebeten, bis ich ja gesagt habe. Mein Vater war schon tot und meiner Mutter hab ich es einfach nur so erzählt, dass wir heiraten, Aufhebens machte man damals keines. Meine Schwägerin hat mir das Kostüm genäht, eine graue Jacke und einen grauen Rock dazu, den Kranz habe ich noch und auch den Schleier, einen Kranz mit Wachsperlen, wie das so üblich war.

Bis zu den sechziger Jahren war es Brauch, drei Wochen lang im Brautstand zu leben, der Pfarrer hat es von der Kanzel verkündet und hatte jemand etwas dagegen, konnte er es im Widum melden. Als ich geheiratet habe, hat das aufgehört, aber meine Schwestern waren noch im Brautstand. Da ist das künftige Ehepaar drei Sonntage lang nach der Messe von Haus zu Haus, alle Geschwister, Verwandten und Bekannten besuchen: Die Braut trug den schönen „Plunhuet" und das Brautgewand, der Bräutigam die Tasche mit einer Schnapsflasche darin und Gläsern. So waren sie unterwegs bis in die Dunkelheit hinein, er hatte sie heimzubegleiten und sich anderswo eine Bleibe zu suchen. Unter demselben Dach zu übernachten, hätte Unglück bedeutet.

Von diesen „Plunhueten" gibt es drei Gattungen, mit Samtbändern für die reichen Bäuerinnen, mit Seidenbändern für die Kleinbäuerinnen und mit den Zwirnbändern für die Dirn.

Eine Zeitlang wohnten wir im Nachbardorf in einer Wohnung, eine Zeitlang beim Bruder, schließlich haben wir hier gebaut. Meine

Tochter ist 1962 geboren im Oktober und der Sohn im August 1965. Dass wir nur zwei Kinder hatten, war damals schon ungewöhnlich, der Durchschnitt hatte hier vier, fünf Kinder.

Es war ja eh schon sonderbar, dass ich erst nach über zwei Jahren Ehe ein Kind bekommen habe, wenn auch deshalb, weil ich das erste verloren habe. Früher sind die Pfarrer immer umhergegangen sich erkundigen, was denn los war, wenn ein Paar ein Jahr lang kein Kind bekam. Da war ein Höfler in Pfitsch, der gar keine bekam, weil er unfruchtbar war oder sie, das war so eine Sünde, dass er sich im Stall erhängte. Ich habe nie viele Kinder wollen und mein Mann war auch sehr fortschrittlich, er hat sich immer abgehoben von den anderen, war intelligent und tolerant und einfach modern, er hat selbst gedacht und sich nicht lenken lassen von der Kirche. Josef Gorgl Tötsch hat er geheißen, aber alle haben ihn Peppe genannt.

Wenn eine Frau ein Kind zur Welt gebracht hat, galt sie als unrein und durfte nicht mehr die Kirche betreten. Ein Mann konnte alles tun, uns Weibetz aber war alles verboten. Bei der Angelika bin ich noch zum Aussegnen, weil meine Mutter mich nicht in Ruhe ließ, beim Andreas ging ich nicht mehr. Da ist man zum Widum und hat den Pfarrer nach alter Sitte um das Aussegnen gebeten. Er hat sich die Stola umgelegt, eine Kerze genommen und gemeinsam ist man zur Kirche gegangen: Auf dem Granitstein vor dem Portal musste ich mich niederknien, mich bei seiner Stola halten und das Gewisse beten, dann öffnete er die Kirchentür und – mich weiterhin bei der Stola haltend – musste ich gebeugt bis vor zum Hochaltar, dort musste ich wieder niederknien, dann gab er mir noch Weiteres zum Beten auf und schließlich am Weihbrunn den Segen. Erst danach durfte ich wieder zur Messe. Die Männer mussten nicht aussegnen, dabei haben wir Frauen nur das getan, was Zweck der Ehe war, Kinder gebären.

Zu jener Zeit hat es auch bei einem Nachbarn eine Hochzeit gegeben und eine weitere Hochzeit am selben Tag weiter unten im Tal. Als sich bei den einen jährlich ein Kind einstellte, bei den anderen aber keines, gingen die anderen zu den einen und fragten, wie sie es denn machten: Da schickten die einen doch tatsächlich die anderen zum Pfarrer, um sich aufklären zu lassen. Das war so früher, Aufklärung hat es nicht gegeben und entsprechend viele ledige Kinder, wenn auch nur im Geheimen.

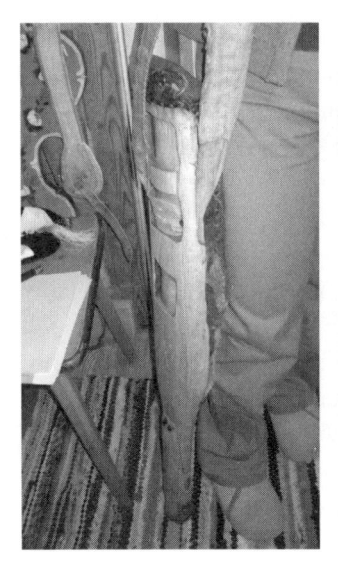

Maria Leider hat über
4000 Gegenstände aus
früheren Zeiten gesammelt.
Links oben eine Prothese,
rechts von oben nach unten:

Kandelaber und Kreuze.

Tücher, mit denen Maria
Leider selbst als Säugling
„gefatscht" wurde.

Wandschoner mit Sprüchen
und Lebensweisheiten waren
einst sehr beliebt.

In solchen Truhen ver-
wahrten die Soldaten im
Krieg ihr Hab und Gut.

„Schuache mit Mauseköpfe":
die genagelten Bauernschuhe.

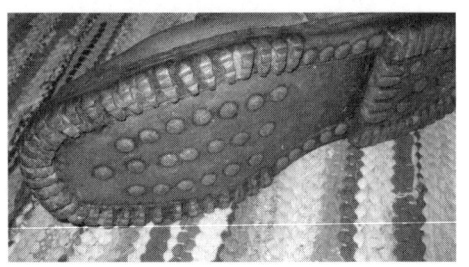

„Zwirndrahner": Früher wurde der Zwirn im fließenden Bachwasser gesponnen und durch die kleinen Löcher gefädelt.

Das Erstkommunionsbild ihres Mannes; jedes Kind erhielt als Andenken ein Heiligenbild.

Eine Nähmaschine, mit der auch Maria Leiders Mann noch arbeitete.

Monstranz, Rauchfass und „Petterle", ein Rosenkranz in der Dose.

Erinnerungen an den Großvater: ein Teller mit dem Bildnis von Kaiser Franz Joseph, Uhr- und Charivarikette.

Mägde hatten oft ledige Kinder. Das war so, dass sie herhalten mussten, wenn der Bauer wollte, obwohl der meist eh schon eine Bäuerin hatte und einen Tschippel Kinder. Hat die Dirn nicht hergehalten, wurde sie verjagt – und wo hätte sie denn hingehen sollen. Hat sie hergehalten – so eine Macht hatte er schon, der Bauer, und sie auch entsprechend sekkiert – und wurde sie schwanger, dann hat er sie erst recht verjagt. Vom jetzigen Papst die Großmutter war ja auch so eine arme Dirn, in Mühlbach hatte sie ein lediges Kind und hat deshalb verschwinden müssen, hinaus nach Tirol. Diese Situation war auch für die Bäuerinnen nicht einfach, bei uns war das daheim zum Glück nicht so.

Die Bauern haben sich um Gefühle früher selten geschert. Eine Bekannte erzählte mir aus ihrer Kindheit, wie sie mit ihren Geschwistern und den Knechten und Dirnen am Mittagstisch huckten, als der Vater Lust auf die Mutter bekam und sie vor all den Kindern in die Ofenhöhle befahl, den Spalt hinter der Ofenbank, um dort seine Arbeit zu verrichten. Da er noch nicht fertig gegessen hatte, mussten alle sitzen bleiben und warten.

Eine Frau durfte nie nein sagen, wenn der Mann wollte, das war eine Sünde. Das hat auch zu uns noch der Pfarrer gesagt: Wir mussten nach der Hochzeit zu ihm ins Widum, weil es so üblich war, da hat er uns aus einem großen Buch vorgelesen, er hat sich gar nicht getraut, uns anzuschauen dabei, er hat sich seine Hand über die Augen gelegt, und da hat er gesagt, eine Frau muss immer herhalten, da kann sein was will, und ist sie auch krank. Und zugleich hat man gesagt, die Kinder kommen vom Krautzuber oder vom Faulstock, vom gefaulten Stock, wenn man einen Baum im Wald gefällt hat. Da haben noch meine eigenen Kinder nach Säuglingen gesucht, weil sie das von den anderen gehört haben. Man war einfach nicht gescheit genug, um zu verstehen, dass das Kind aus dem Bauch kommt. Die Mütter selbst wussten das natürlich schon, woher die Kinder kamen, aber sie haben es nicht erzählt und die jungen Frauen haben dem Pfarrer das Märchen vom Faulstock geglaubt. Als meine Gotl noch bei uns lebte, hatte meine Schwester von einer Freundin erfragt, dass in ihrem Bauch ein Kind wächst, aufgeregt hat sie dann gefragt, ja Juliane, wo kommt denn das Kind raus, und die hat nicht geantwortet und nur gelacht. Wenn eine Frau zuhause niederkam, haben sie die Kinder hinaus gesperrt und die Haustür verschlossen. Ich musste noch mit zwanzig hinaus, als meine Schwester daheim entbunden hat, und danach beim Stillen auch. Zur Hochzeit haben mich die Geschwister begleitet. Um neun haben wir geheiratet, da sind wir früh aufgebrochen, mit drei Autos, mein Bruder hatte eines, mein Schwager und der Schwager meiner Schwester. Nach einem Mahlele beim Pircherwirt sind wir nach Österreich ins Zillertal, mit dem Bruder mit, der dort verheiratet war, und dort haben wir dann geschlafen bei der Tresl. Gar nichts hatten wir dabei außer uns selbst, so trugen wir tagein tagaus das Brautgewand, nur den Hochzeitskranz habe ich am Tag danach abgenommen. Sogar das Nachthemd, das mir meine Schwester genäht hat, mein allererstes, habe ich vergessen. Ich hatte bis dreißig nie ein Nachthemd, meine Mutter hatte gar nie eines, man zog den Schurz und die Schuhe aus und legte sich in Kleidern ins Bett, hundemüde von der strengen Arbeit, und in der Früh waren wir somit gleich angezogen.

Wenn früher die Buben ins Bett genässt haben, hat man ihnen ein „Wixleimat" untergelegt. Zwei meiner Brüder waren Bettnässer und meine Mutter hat diese gummiartige Folie dazwischen gelegt, damit der Strohsack nicht nass wurde, aber der ist trotzdem durchgefault. Frisch gefüllt wurden die Strohsäcke nur zweimal im Jahr. Die Buben haben die langen Unterhosen und das Gewand einfach angelassen, bis es getrocknet ist, im Winter wird ihnen die Mutter schon etwas anderes angezogen und das Nasse auf den Ofen gehängt haben.

Auch gewaschen wurde nur zweimal im Jahr. Unter der Zeit haben wir nur das Notwendigste durchgespült, mit einer Wurzenbürste gerieben und im Brunnen geschwänzt. Wenn man nichts Sauberes mehr hatte, dann hat man von der dreckigen Wäsche das Beste wieder herausgesucht. Bei der großen Wäsche wurden die Kleider mit Pechseife und heißem Wasser gebürstet, dann haben wir sie in einen großen Zuber gelegt und zwei alte Leintücher darüber gebettet und mit Aschenlauge und siedendem Wasser begossen, und das drei-, viermal, immer wieder haben wir den Pflock am Zuber unten entfernt, um das kalte Wasser auszulassen und wieder mit heißem Wasser und Asche aufzugießen. Über Nacht ließen wir die Wäsche weichen, am nächsten Morgen wurden die Flecken und die Lauge ausgebürstet. Mit der Asche ist die Wäsche unglaublich sauber geworden. Dann holten wir den Schlitten, befestigten darauf einen Bottich, stapelten die Wäsche hinein und sind zum Bach hinunter schwänzen. Zurück musste es uns eine Kuh ziehen. Der Bach war eiskalt, wenn wir die Wäsche aufgehoben haben, ist sie uns oft in der Hand gefroren. So offene Hände hatten wir, dass sie blau und rot waren bis zu den Knochen, denn die Lauge hat nicht nur den Dreck weggefressen, sondern auch die Haut.

Auch beim Aufgarben waren wir wund und offen, vor allem bei der Gerste waren viele Dornen darunter, die hatten wir nicht nur in den Armen, sondern im ganzen Körper stecken, und in jedem Dorn ein Ofl, Eiter. Die Dornen waren so scharf, dass sie auch durch die Kleidung durchstachen, an Handschuhe war nicht zu denken.

Die Pechseife haben wir während des Krieges selber angesetzt. Dazu haben wir das schlechte Fett von den Schweinen genommen, das die Seife weich hält, und vermischten es mit Soda und Lärchenharz, das wurde dann gekocht und auf einem Brett ausgeschüttet, und wenn es abgekühlt war, in Stücke geschnitten, ganz dunkel war es und hat wunderbar geduftet. Ich benutze heute noch Pechseife, wenn ich die Stube spüle, auf den Knien und mit aller Kraft, dann riecht die ganze Wohnung danach. Das Harz von den Lärchen ist auch ein wunderbares Heilmittel.

Die Bürsten waren aus Fackenhaar. Das Schwein kam gleich nach dem Schlachten in den Haartrog, denn das Fackenhaar musste gleich entfernt werden. Dazu brauchte es vier starke Männer, die legten vier Haarketten unter das tote Schwein, um es drehen zu können, damit man überall dazu gekommen ist. Zuerst wurde das Blut weggewaschen, dann die Haut mit Pech bestreut und eingerieben, das haben wir Kinder zuvor immer gut klopfen müssen, damit es gut zerbröselte, dann haben wir es mit heißem Wasser übergossen. Mit einem Messer hat man die Borsten herunter geschabt, das Harz hat geholfen, dass das Haar sich leichter löste.

Wenn alle Borsten entfernt waren, wurde das Schwein auf den zwei Hinterhaxen kopfunter aufgehängt, aufgeschnitten und ausgeweidet. Aufgearbeitet haben wir es meistens in der Stube, also die Rippen, das Fleisch, den Speck getrennt. Die Därme haben wir für die Würste sauber geputzt. Die Gebeine haben wir in einem großen Schaffel hinterm Haus verstaut, denn einen Kühlschrank gab es nicht, so ist es gefroren und wir holten uns, was wir brauchten. Es wurde eh fast alles aufgearbeitet, hauptsächlich für Speck und Wurst, weil das am besten haltbar war. Die Knochen hat man auch für die Gerstsuppe verwendet, das hat recht geschmeckt, aus der Leber hat man Leberknödel zubereitet und aus der Milz die Milzschnitten, aus der Lunge hat man ein Beuschel gekocht. Das Fett hat man aufgeschnitten und langsam zergehen lassen. Daraus haben wir das Schmalz für die Röstkartoffel und die Kücheln zubereitet. Übrig blieben vom Fett die Gruipen, so kleine Brocken, Grammelschmalz auf Hochdeutsch, die hat man einfach so gegessen oder unter die Erdäpfel gemischt, das schmeckt so ähnlich wie die Stelze, aber heute gebe ich sie nur mehr den Hennen. Auch zum Mus hat man sie gegessen. In der Früh gab es immer Mus, aus Weizen oder Gerste, sonst gab es oft Knödel und Brennsuppe und Spatzlen, und zu Mittag oder abends in irgendeiner Form Erdäpfel, in der Schale oder als Röstkartoffel oder als Erdäpfelnudel oder als Riebel. Schmarrn gab es eher selten, Speckknödel nur am Sonntag. Schwarzplenten gab es hier nicht.

 Was ich als Kind gegessen habe, mag ich heute noch gern, vor allem die Brennsuppe, die haben wir immer mit Butter gemacht, Butter, Mehl und Wasser drauf und gekochte Erdäpfel darüber oder ein hartes Brot und dazu eine Schale Milch, das ist wunderbar. Nudeln haben wir auch selbst zubereitet, Zettelnudel. Da hat man aus Wasser, Mehl und Salz dünne Blätter getrieben, zum Ofen gehängt und wenn sie trocken waren, zusammen gerollt und in Streifen geschnitten. Dazu gab es Suppe, oder wir haben sie gekocht und mit Butter abgeschmelzt und Graukäse dazu gegessen.

 Und Feigenkaffee hat es auch immer gegeben bei uns, Feigelakaffee. Dazu haben wir unsere eigene Ackergerste im Brotrohr oder auf dem Herd in einer Pfanne geröstet, bis sie ganz dunkel war, und je nachdem, wie viel man jeweils brauchte, haben wir sie in der Kaffeemühle frisch gemahlen, mit süßer Malzgerste und ein bisschen Feigenpulver vermischt und dann aufgebrüht. Den Feigenkaffee haben wir natürlich kaufen müssen, gepresste, getrocknete, gemahlte Feigen, den kaufe ich heute noch, weil der Weihnachtszelten damit schön dunkel wird. Auch den Malzkaffee mussten wir kaufen, der wird zwar auch aus Gerste gewonnen – und Gerste hatten wir ja ackerweise – aber anders geröstet, gemälzt eben.

 Den Feigela verwende ich auch für den Bauernbraten, da bekommt die Soße eine richtig schöne Farbe. Den Bauernbraten bereitet man anders zu als den herkömmlichen Braten, nicht im Ofenrohr sondern in einem Topf am Herd, mit geschälten Erdäpfeln, die man mitkochen lässt, und richtig viel Soße, das habe ich von der Mutter gelernt, viel Zwiebel und Knoblauch anbraten und die Knochenbeiner vom Schwein richtig lang abrösten, also mehr Gebeine als Fleischbrocken, ein bisschen Mehl darüber stäuben, Salz und Pfeffer dazu, ein Teelöffel Feigela und ansonsten keine Gewürze. Mich wundert's immer, dass die Erdäpfel so schön weiß bleiben. Ich kaufe das ganze Jahr nicht ein einziges Mal beim Metzger ein, das Fleisch bekomme ich von einem Neffen. Auch Gemüse kaufe ich nicht, weil es ja hunderte Kilometer hin- und hergeführt wird, bis es endlich verkauft wird, und das ist alles gespritzt. Ich habe fast alles selber, Mohn für den Kuchen und die Krapfen, Salat, Schnittlauch, Bohnen, gelbe Rüben, Sellerie, Petersil, Pepperoni, Zucchini, Erdäpfel. Für Kürbis, Tomaten und Gurken ist es hier zu hoch, Karfiol wächst hier auch nicht, Kobis, Kraut, eher. Auch Tee habe ich in meinem Leben noch nie einen gekauft, Minze und Kamille und Malve habe ich im Garten, den Rest sammle ich, sowie wilde Himbeerblätter und Lärchenspitzen und Birkenblüten, die sind gut für die Haare und die Kopfhaut und zum Blutreinigen. Das Kleine zu ehren, all das, was der Boden hergibt, das hat uns die Mutter gelehrt. Und deshalb sammle ich auch so viel, denn mit den Gegenständen gehen auch ihre Geschichten verloren und bald erinnert sich niemand mehr.

Die Facken sind mir ans Herz gewachsen wie Brüder

Michael Malfertheiner und
Hilda Schgaguler, Seis | Seis

Michael Malfertheiner lebt mit seiner Frau Hilda Schgaguler auf dem Felderer-Hof in Seis, gelegen am Feldererweg. Dieser führt von der Seiser Straße abzweigend zunächst durch das Gewerbegebiet, jede Bauernromantik scheint aufgehoben durch den flachen Baustil von Gewerbehallen. Erst nach mehreren Windungen öffnet sich die Landschaft, weicht die Urbanisierung einem freien Blick über Wiesen und Berge. Hinter einer Brücke über den Fretschbach liegt der Felderer-Hof, das alte Bauernhaus eher geduckt unter einem ausladenden Stadel und ehemaligen Mühlgebäude. Michael Malfertheiner und seine Frau stehen am Hauseingang. Die Frau will sich zurückziehen, fürs Reden sei ihr Mann zuständig. Für ein Foto setzt sie sich dann doch mit ihm aufs Sofa, legt ihre Hand auf seine. So bleibt sie während des gesamten Gespräches sitzen, wirft nur gelegentlich und nur dann, wenn es sie betrifft, einige wenige

Sätze ein oder hilft ihm bei der einen oder anderen gemeinsamen Erinnerung. Als das Gespräch zu einer traurigen Erinnerung führt, nimmt sie stärker teil, steht dann auf und kredenzt Kuchen. Danach sitzt sie wieder still neben ihrem Mann. Nach dem Gespräch geht sie in die Küche und er führt noch durch den Hof, zur alten Mühle, von der er selbst ein Modell gebastelt hat, in einem Schupfen stehen Pokale, die er und seine Kinder sammelten. Den Hof vor dem Haus, erklärt er stolz, hat er selbst gepflastert, weil sonst immer soviel Matsch lag nach Regen oder Schnee.

Hier war immer eine Mühle. Der Hof war früher größer, aber eine Hälfte hat der Bruder meines Vaters bekommen, der Vater die andere. Mein Vater hat sein Lebtag lang eigentlich immer nur in der Mühle gearbeitet. Für die Landwirtschaft hatten sie früher Knecht und Dirn, aber in der Mühle arbeitete er. Es war ein großes Mühlwerk, der gesamte untere Stock des Gebäudes war Mühle, drei Mahlgänge konnten zugleich durchgeführt werden. Das Wasser des Fretschbaches reichte dafür leicht. Schwarzbach oder Frötschbach heißt er auch.

Ich habe von klein auf den Knechten im Stall geholfen. Schon bevor ich zur Schule ging, musste ich lernen, die Kühe zum Tränken zu führen. Da war unter dem Haus ein Trog und dort habe ich die Kühe hingeführt und musste aufpassen, dass sie nicht abhauen. Als ich ein bisschen älter war, habe ich auch im Stall selbst geholfen. Eine wichtige Arbeit war auch das Heuschneiden. Dazu hatten wir eine Maschine, durch die das Heu mit der Hand durchgetrieben wurde, da brauchte es zwei Leute, einer hat das Heu hinten hineingeschoben, der andere hat es mit der Kurbel durch die Schneidmaschine durchgetrieben.

Eigentlich wäre ich der Älteste gewesen, aber meine Mutter hat einen fünf Jahre älteren Bub in die Ehe mitgebracht, meinen Stiefbruder, den Rudl, Rudolf Fulterer, der Schreibname meiner Mutter. Ich bin 1923 geboren, 1925 kam der Tonl, 1926 die Moidl, 1928 der Franz, 1929 die Luisa, die mit eineinhalb Jahren an Lungenentzündung starb. Mit dem Rudl verstand ich mich sehr gut, das war ein findiger Mensch, der immer gleich alles gekonnt hat. Er lernte später

„Roderer", Radmacher. Einmal haben wir zusammen einen Weiher ausgehoben, das Wasser eingekehrt, dann hat er ein Schiffl gebaut, ein richtiges Boot mit einem Ruder, da sind wir dann auf der kleinen Lacke herumgerudert. Was wir uns da unterhalten haben! Da waren wir noch Schulkinder.

In die Schule bin ich gern gegangen. Ins Haus kam heimlich eine deutsche Lehrerin, eine Katakombenlehrerin, aber ich bin auch gern in die walsche Schule gegangen, zuerst nicht so, aber als ich mit der Zeit bessere Noten bekam und gesehen habe, ich tu mich leicht, hat es mir narrisch gefallen. Auch die Lehrerin mochte ich gern, Elisa Mattevi hat sie geheißen. Ob ich besonders gut Italienisch gelernt habe, weiß ich nicht, aber ich kann mich mit den Walschen ganz gut unterhalten. Aber dann sind an einem Sonntag im Mai zwei Buben gekommen, ich soll jetzt mit ihnen gehen, weil die Eltern mich ihnen als Hüter verheißen haben. Ich war damals elf Jahre und musste ja noch Schule gehen. Aber die Mutter hat schon den Rucksack gepackt, du musst jetzt hüten gehen. Ich bin so ungern gegangen, wegen der Schule, aber auch weil auf unserem Hof so viele Kinder waren. Wir hatten viel Platz und deshalb immer Quartierleute, so hat man Familien genannt, die für wenig Geld eine Unterkunft bekamen. Das waren meist arme Leute, eine Familie ist achtzehn Jahre lang bei uns geblieben, die hätten 400 Lire im Halbjahr zahlen müssen, das war auch für damalige Zeiten wenig, aber selbst das haben sie nie gehabt. So haben sie es einfach abgedient mit der einen oder anderen Arbeit. Das war damals so üblich.

Der Bauer, zu dem ich hüten gehen musste, war der Bruder meiner Mutter und sie hat es ihm versprochen, obwohl noch Schule war. Zuerst habe ich beim Hof gehütet, ganz allein. Man stellt sich das Kühehüten so einfach vor, aber das war es nicht. Du musst ja schauen, dass die Kühe eine Wiese schön abgrasen. Jetzt benutzt man dafür Hüterzäune, die man nach und nach verstellt und so die Kühe immer weiter in die Wiese hineinlässt. Früher hat statt der Hüterzäune der Hüterbub die Kühe im Zaum halten müssen, indem er hin und her gerannt ist. Platschnass war ich oft. Vielleicht hat es mir auch gut getan, aber damals war es streng. Um halb vier hat es geheißen aufstehen, weil der Onkel die Milch gestellt hat und die musste um sechs in Kastelruth sein. Ich musste nicht melken, aber den Mist zusammentun und die Kühe striegeln.

Michael Malfertheiner bei der Schafschur, die beiden Brüder halten das Tier ruhig. Auch das Kastrieren der Schweine und kleine Leistenoperationen machte er selbst.

Michael Malfertheiners Mutter beim Kochen: Der alte Steinherd wurde 1932 ausgemauert und durch einen eisernen „Sparherd" ersetzt.

Die erste Mähmaschine war eine große Erleichterung. Das Mähen hatte Michael Malfertheiner von der Mutter gelernt.

Am 2. Juni ging's dann auf die Alm, fünfundzwanzig Stück Vieh haben wir aufgetrieben, fünf Kühe haben sie für die Milch daheim gehalten. Und nun war ich oben allein mit einer Schwaigerin, einer Sennerin also, die schon 68 Jahre alt war, und ich war elf. Was sollten wir da reden? Melker war auch keiner, so hat es geheißen, wir sollen weiter tun wie vorher: um halb vier aufstehen und melken, nachmittags um halb vier das zweite Mal melken. So ging es den ganzen Sommer durch. Bis halb sieben habe ich in der Früh noch im Stall gearbeitet. zuerst habe ich den Mist hinausgetragen und den Kühen das Euter sauber gemacht, sie gestriegelt und danach geholfen, die Milch hinauf zu tragen. Um halb sieben hat mich dann die Schwaigerin zum Frühstück gerufen, denn Uhr hatte ich ja keine: Much, Michala, hat sie gerufen, kimm auer. Dann habe ich Kaffee bekommen und Brot. Butter hat es keine gegeben, obwohl der Vater gesagt hat, oben auf der Alb, gibt es Butter zu essen. Aber die Butter wurde hinuntergeschickt und wir haben oben keine bekommen. Nach dem Frühstück ging's mit dem Hüten los.

Das war dann auch nicht so einfach. Der Bauer, der Onkel, hat mir erklärt, wo ich hüten darf, auf einem Gemeindegrund auf der Seiser Albe. Aber da war eine Frau, die auch dort hüten wollte und die hat mich weggejagt, ich soll schauen, dass ich weiterkomme. Ich habe mich aber nicht verjagen lassen, weil der Onkel ja gesagt hat, dass ich dort hüten darf. Der Onkel ist zweimal in der Woche auf die Albe gekommen, um die Butter zu holen, meist ist er erst spät in der Nacht gekommen und hat sich zu mir gelegt, indem er mich ein bisschen auf die Seite geschoben hat. Oft ist er nur eine Stunde gelegen, dann ist er wieder weg. Als ich ihm von der Frau erzählte, sagte er, ich soll ruhig weiterhüten, wenn ihr etwas nicht passt, soll sie mit ihm reden. Das habe ich ihr dann gesagt, worauf sie antwortete: „Das glaube ich schon, dass ich hinunter gehen soll zu ihm, weil seine hin geworden ist ..." So hat sie das gesagt, „hin geworden", weil seine Frau verstorben war. Ich habe das dem Onkel erzählt, aber er hat nicht viel dazu gesagt. Dann hat es sich so getroffen, dass genau dieser Frau eine Kuh erkrankt ist und der Onkel war so ein bisschen auch Bauerntierarzt, er kannte sich halt gut aus. Und als er dann wieder auf die Albe kam, ist sie herunter gekommen und hat ihn um Hilfe gerufen, weil die Kuh es nicht geschafft hat, das Kalbl auf die Welt zu bringen. Da hat er mit einem Sackmesser das Kalbl stückweise herausgeschnitten, sonst hätten sie es nicht heraus gebracht, so groß war es schon. Aber die Kuh konnte er retten, und die Frau war beschämt, aber er hat ihr nie etwas gesagt. Das Schlimmste beim Hüten war das Heimweh. Furchtbar. Ich war ja völlig allein. Es wären schon auch andere Hirten gewesen, aber ich hatte das strengste Verbot, mich mit anderen Hirten zusammenzutun, ich weiß heute gar nicht mehr warum, aber es hat geheißen: Du darfst das Vieh nie mit anderem Vieh zusammen hüten. Und mit der Schwaigerin konnte ich kein Wort reden, das Einzige, was wir geredet haben, war das gemeinsame Beten: in der Früh, beim Essen, auf Nacht noch einmal den Rosenkranz. Als endlich der Almabtrieb war, bin ich freudig nach Hause. Die Mutter hat zu mir gesagt, jetzt gehst du zum Karl, so hat der Onkel geheißen, und sagst ihm, dass die Schule anfängt und du daheim bleibst. Das habe ich dann getan, aber der Onkel hat gesagt: Du bleibst bis Allerheiligen, solange ist noch zu hüten. Und da musste ich bei ihm bleiben, die Mutter konnte ihm keinen Gefallen abschlagen, sie war ein zu guter Mensch. So habe ich jedes Jahr zwei Monate Schule verloren, aber das war nicht so arg, damals war es in der Schule noch nicht so streng.

Als ich vierzehn war, habe ich praktisch zusammen mit der Mutter die Landwirtschaft übernommen, der Vater war immer nur in der Mühle. Das Mähen gelehrt hat mich die Mutter. Auch das Erdäpfelpecken, das Aushacken des Unkrauts, eine strenge Arbeit, hat mir die Mutter beigebracht. Wenn man das nicht richtig machte, dann gab es halt keine Kartoffeln. So sind wir halt immer hinaus aufs Feld, die Mutter und ich. Sie hat zu Morget die Wasserrohre abgetastet, das war ihr Wetterbericht. Wenn die Rohre nass waren, haben wir nicht gemäht, denn das bedeutete Regen. Wenn sie trocken waren, dann mussten wir schnell hinaus und die Zeit nutzen, um das Heu einzubringen. Beim Heumähen musst du gutes Wetter haben, sonst hast du im Winter kein Heu und auch keine Milch. Vier Kühe hatten wir und ein Kalbele, mit drei Hektar Wiesen war nicht recht viel mehr möglich.

Der Vater hat meist über die Mutter mit mir geredet. So hat er ihr gesagt, kaum dass ich vierzehn war, sie soll mich nach Konstanz schicken, eine Kuh kaufen. Konstanz ist gleich da in der Nachbarschaft und dem Vater hat jemand gesagt, dort ist die Heuernte schlecht gewesen, deshalb kriegt man die Kühe günstiger, weil die

Bauern sie lieber hergeben. Ich war nicht oft in Konstanz gewesen und kannte niemanden dort, so ging ich einfach zum erstbesten Hof und fragte, ob sie eine Kuh herzugeben hätten. Man hat mich zum nächsten Hof geschickt. Und da ist einer hinter dem Haus hervorgekommen, der ein bisschen krumm gegangen ist. Als ich ihn nach der Kuh fragte, hat er gesagt, ich soll mit ihm in den Stall schauen. Im Stall waren zehn Kühe, und er ist sie der Reihe nach abgegangen und hat mir bei jeder gesagt, die ist so und so alt, die gibt so und so viel Milch, die ist nicht tragend, die ist tragend, und so sind wir von Kuh zu Kuh gegangen. Da habe ich mir so gedacht, eine Junge kaufen ist nicht so gut, die könnte ausschlagen. Da war eine etwas ältere Kuh, die vor dem Kälbern war, die hat mit 3.500 Lire nicht so viel gekostet wie die teuersten, die ungefähr 4.000 kosteten. Andere Kühe wären billiger gewesen als die, die mir gefallen hat, aber ich habe mir gedacht, dafür ist bei der das Kalbl dabei, da hätten wir dann bald einmal ein Kalbl herzugeben. So ging ich heim und schilderte dem Vater alles ganz genau und auch, welche Kuh ich nehmen täte. Da gab er mir das Geld und ein Seil und sagte, ich könne sie holen. Und so habe ich sie geholt. Ich habe nicht einmal um einen besseren Preis verhandelt, 100 Lire hätte ich vielleicht herausgeschunden, aber das hatte ich damals noch nicht heraußen. Die Kuh hat bald gekälbert, so hatten wir das Kalbl, für das man beim Metzger ungefähr 200 Lire bekommen hat. Milch gegeben hat sie nicht weiß Gott wie viel, aber dazu hatten wir vielleicht auch nicht das allerbeste Futter. So waren wir eigentlich recht zufrieden mit der Kuh.

So bin ich in die Landwirtschaft hineingewachsen, als wäre alles von mir, von klein auf. Einmal, da war ich noch hüten, da schickte der Vater meinen jüngeren Bruder zu mir auf die Albe, das war zu Albmond, wie man gesagt hat, oder im Heumonat, das Monat, in dem man gemäht hat auf der Albe. Der Bruder, der Tonl, sollte Wasser tragen, nämlich den Mahdern, den Mähern, Wasser zum Trinken bringen. Außer Wasser gab es ja nichts zu trinken. Der Vater hatte den Tonl hinauf begleitet und ging wieder geschwind zurück, ohne mit mir zu reden. Der Tonl durfte aber vierzehn Tage bleiben, war das eine Freude! Aber dann erzählte er mir, was in der Zwischenzeit daheim passiert war. Der Vater hat eine Bürgschaft geleistet, für die er nun zahlen musste, deshalb muss er eine Wiese und das Kalbele hergeben. Kalbele nannte man die großen Kälber, die nicht zum

Metzger kamen, sondern aufgezogen wurden, damit man eine Kuh mehr hatte. Und wir hatten nur zwei Kühe und das Kalbele. Damals war ich noch zwölf Jahre alt, und als dann die Käuferin der Wiese mit dem Notar auf den Hof kam, bin ich in der Stube gesessen und habe geweint. Da ist die Käuferin auf mich zu und hat mir ein bisschen ein Geld gegeben und gesagt, sei lei stilla, ich würde die Wiese irgendwann schon wieder zurückbekommen. Später hat sie sie dann wirklich verkauft, aber nicht uns, sondern ihrem Pächter. Dass der Vater eine Wiese hergibt, dass hat mich damals fertig gemacht, so sehr hing ich am Hof und an der Landwirtschaft.

Auf dem Hof habe immer ich mich um alles gekümmert. Was ich gebuckelt habe! Den Mist habe ich regelrecht auf dem Buckel weggetragen. Ich habe deshalb so hart gearbeitet, um dem Vater möglichst die Anstellung von Hilfskräften zu ersparen, weil er immer jammerte, er müsse so viel Steuer zahlen, dass wir vom Hof kommen. Das wollte ich verhindern. Wir hatten keinen Knecht mehr, und für jede Arbeit jemand anstellen, war zu teuer. So war ich der Knecht, mehr als ein Knecht. Die Knechte haben bestimmt nicht so viel geschuftet.

Dann kam die nächste böse Nachricht, da war ich auch erst vierzehn oder fünfzehn Jahre alt, so um 1939. Eine Quartiersfrau, die eigentlich eine Österreicherin war, sagte in der Früh beim Milchholen, sie müssen jetzt wohl auswandern mit ihren drei Kindern und wir würden auch bald wählen müssen, ob wir da bleiben oder gehen. Da haben wir zuerst keine Acht gegeben, aber dann ist es wahr geworden. Da war eine Propaganda! Einer von unseren Quartiermenschen war ein Nazi und der hat dann geschaut, dass der Hauptnazi von Seis bei uns eine Versammlung abhält. Ich bin auf dem Ofen gelegen, die Erwachsenen sind um den Tisch gesessen. Ja, hat es geheißen, auswandern müssen wir unbedingt, weil wenn wir da bleiben, müssen wir in die Walsch hinunter. Aber wenn ihr auswandert, hat es geheißen, kriegt ihr draußen einen Hof, der wird der Felderer-Hof heißen und der ist bestimmt dreimal so groß wie der Felderer-Hof da, so haben sie es dem Vater vorgemacht. Ich habe mir damals gedacht, dass der Hof wieder Felderer-Hof heißt, na, das glaube ich nicht, da täte ich nicht mit.

Und draußen ist alles viel besser und schöner, haben sie herumerzählt. Unser Vater hat sich nicht für Deutschland entschieden, wir sind dann dafür die walschen Fackn gewesen, so hat's in der Schule geheißen. Und als dann die Deutschen gekommen sind, haben die vier Brüder gleich einrücken müssen, Jugoslawien hinunter, zwei sind vermisst, einer ist noch ganz jung gewesen. Wenn in der Kirche für die Gefallenen gebetet wird, dann stößt mir das immer noch auf. Und die Mutter ist immer zum Fenster gegangen zu schauen, ob sie vielleicht doch noch heimkommen, lang hat sie gehofft ... Nein, das war keine gute Zeit.

Bei uns hat der Vater „deutsch gewählt", wie man zum Auswandern gesagt hat. Und mein Bruder, der Rudl, der schon bei den Wallischen eingerückt war, durfte auch wählen, und damit er heimkommt, hat er auch deutsch gewählt. Aber lang ist er nicht daheim gewesen, er musste sofort wieder hinaus nach Innsbruck, sechs Jahre war er dann weg. Als die Deutschen einmarschiert sind, hat man mich geholt, um in Seis oben Streife zu machen. Ich habe nicht einmal gewusst, was das ist, „Streife machen". Sie haben uns zu zweit zusammengetan, beiden ein Gewehr gegeben, und dann sind wir herumpatrouilliert. Der andere war ein Jäger, der ist ständig in den Wald hinuntergegangen, ich weiß nicht, ob er schauen wollte, ob Wild in seine Trappeln hinein ist. Mei, habe ich mir gedacht, so schön habe ich es noch nie gehabt, einfach nur spazieren zu gehen und dabei auch noch etwas zu verdienen! Aber dann wurde ich immer mehr eingeteilt, in Atzwang musste ich bei der Brücke Wache stehen, kalt war es da. Auch in die Industriezone haben sie uns geschickt, Weihnachten 1943 bin ich in der Industriezone Wache gestanden. Und als ich heimgekommen bin, lag die Zustellung da, dass ich einrücken muss, in den Krieg. Ich kam zur Waffen-SS, aber ich hatte Glück. In der Lüneburger Heide wurden wir 1945 von den Amerikanern eingekreist, wir warfen unsere Waffen weg und versuchten uns durchzuschlagen. Ich fand Unterkunft auf einem Bauernhof – ich habe mich wie daheim gefühlt, endlich wieder auf einem Hof zu arbeiten statt Soldat zu sein. Als es ruhiger wurde, konnte ich mich nach Südtirol durchschlagen.

Und da begannen die Schwierigkeiten bei der Übernahme des Hofes – mit den meisten Geschwistern ging es, aber mit einem hatte ich Probleme. Es war vielleicht auch schwierig für ihn, dass ich den

Hof kriege, aber ich hatte mir das gar nicht ausgesucht. Wenn ich ehrlich bin, wollte ich gar nicht Bauer werden, aber das hatte der Vater so bestimmt, du wirst der Bauer, deshalb bekam ich auch den gleichen Namen wie er. Einmal hat mich die Religionslehrerin gefragt, ob ich nicht Pfarrer werden möchte. Da habe ich gesagt, das darf ich nicht, ich muss Bauer werden. Sie hat dann sogar mit dem Vater zu reden versucht, aber der hat gesagt, nein, der Bub wird Bauer. Ich wäre auch gern Tischler geworden oder Rädermacher, wie mein Stiefbruder, mit dem ich so gut ausgekommen bin, aber nichts, ich musste Bauer werden.

Die harte Arbeit war nicht das Problem, ich habe immer gern gearbeitet – und für null Lohn! Wenn wir ein Fuhrwerk ausleihen mussten mit Rössern oder Ochsen, weil sich ein eigenes Gespann für unseren kleinen Hof nicht mehr lohnte, dann habe ich das abgedient, damit er ja nichts zahlen muss. Oder wenn wir mit der Kuh zu einem Stier gefahren sind, dann habe ich dafür beim Bauer, dem der Stier gehört hat, einen Tag gedroschen oder Heu geschnitten. Für ein Ross zum Ackerbauen habe ich zwei Tage arbeiten müssen. Warum ich nie mehr Bauer werden, sondern lieber ein Handwerk lernen würde, das hat mit dem Vieh zu tun. Das Vieh hat mich immer so derleidet. Wenn ein Vieh krank war, dann bin ich gleich krank gewesen wie das Vieh, das war wirklich so. Als Kind schon habe ich die Facken füttern müssen und die sind mir dabei so ans Herz gewachsen, als wenn's meine Brüder wären. Und dann hat es geheißen, der Fack wird im Winter abgestochen. Das habe ich einfach nicht ertragen, monatelang vorher habe ich nicht einschlafen können bei dem Gedanken. Und dann musste ich sogar noch dabei sein: Ich musste die Pfanne unterheben, wenn sie ihm in die Gurgel gestochen haben. Vorher hat man ihm schon mit dem Beil auf den Kopf geschlagen, richtig fest, damit er tamisch geworden ist, so ein bisschen betäubt. Und dann ist er gestochen worden, durch den Hals schräg ins Herz, und ich habe die Pfanne untergehalten, um das Blut aufzufangen. Damit hat man dann die Blutwürste gemacht. Von dem hat man gelebt, das war das Fleisch für das ganze Jahr. Sonst gab es Knödel, nur Knödel, außer am Freitag, da hat es Schmarrn oder Fastenknödel oder Schupfnudeln gegeben, ach, hab ich mich immer auf den Freitag gefreut. Das Fleisch hätte ich nie vermisst, ich war richtig froh, wenn der Fack gar war, dann hat es bis zum nächsten Winter keines mehr gegeben, denn gekauft ist Fleisch nie worden.

Nach dem Krieg war hier alles kaputt, aber nicht durch die Bomben, sondern weil alles zusammengefallen war, alles lugg. Der Vater hat nie etwas verbessern wollen am Haus, keinen Nagel wollte er einschlagen, nichts durfte sich ändern. Dann ist er an Asthma erkrankt, wohl durch die Arbeit in der Mühle. Zum Glück war die Mutter ein Arbeitsmensch wie selten jemand, alles hat sie gemacht, die Arbeit in der Landwirtschaft mit mir, aber auch unser Gewand genäht, Patschen gemacht, einfach alles. Aber dann hat sie in den Händen Gliederschmerzen bekommen. Die Brüder hatten alle schon eine Arbeit außer Haus, nur gewohnt haben sie noch daheim, da mussten wir eine „Gitsch" nehmen, wie es geheißen hat, eine Haushaltshilfe. Die erste Gitsch kam aus Lana und war fünfzehn Jahre alt, dann kam eine andere, aber die mussten immer bezahlt werden. Und da hat mir meine Mutter gesagt, sie hat es mit dem Vater abgeredet, bevor sie wieder nach einer Gitsch suchen, wäre es halt gscheiter, ich würde heiraten, dann müsste man keine Gitsch mehr zahlen. Ja, wenn mir eine herkommt, habe ich gesagt, denn welche Frau will schon in ein Haus, wo noch Vater, Mutter und zwei Brüder wohnen, ausgezogen war nur eine Schwester. Aber versuchen kann ich es ja, habe ich gesagt.

Wohin ich gehen sollte, habe ich schon gewusst – und meine Eltern wahrscheinlich auch.

Er hatte ja nicht weit zu gehen, unsere Wiesen grenzten aneinander an.

Ja, sonst hätte ich wohl nie eine bekommen ... Mit den Weiberleuten bin ich richtig dumm gewesen, ich habe nie mit einer geredet, ich habe mich richtig schwer getan, mit Weiberleuten zu reden. Ich habe mich mit dem Vieh gut verstanden, da bin ich richtig zusammengewachsen mit jedem Fackl. Aber sie ist mir beim Messgehen aufgefallen, sobald sie ein bisschen älter war, weil sie ist ja neun Jahre jünger als ich.

Ich war die Sechzehnte von siebzehn Kindern, drei sind schon im Kindesalter gestorben, alle drei hintereinander, zwei schon bei der Geburt, glaub ich. Vierzehn sind halt durchgekommen. Und neun Gitschen!

Beim Messgehen ist mir aufgefallen, dass sie immer so schön angezogen ist, aber ich habe mir weiter nichts gedacht. Und dann habe ich einmal, an einem Sonntag, bei der Wiese ober dem Haus die Kühe ausgelassen, und sie hat zufällig auch ihre Kühe da an der Grenze zu unserem Grund gehütet. Sie hat auf der anderen Seite vom Zaun gehütet und ich auf dieser Seite, und so sind wir ins Reden gekommen. Teifl, habe ich mir gedacht, ist das eine schöne Gitsch, die täte mir gefallen. Aber da war sie erst sechzehn und ich schon fünfundzwanzig. So habe ich mir gedacht, da sagst besser nichts, das hat keinen Sinn, aber wie sie älter geworden ist, habe ich mir gedacht, wenn ich nicht bald etwas sage, sucht sie sich einen anderen. Und so bin ich direkt nach dem Gespräch mit der Mutter hinauf. Und wie es der Teufel haben will, steht sie mit der Mutter vor dem Hof und ich sage, schön, dass ich euch beide derwische, denn meine Eltern schicken mich herauf, ich sollte heiraten. Und deshalb möchte ich sie fragen, ob sie mich möchte und ob du sie mir gibst. Ja, genauso war es, nicht anders.

Einundzwanzig bin ich da gewesen, aber so gern habe ich nicht ja gesagt.

Sie hat schon ein bisschen eine Ausrede gesucht. Schon jetzt oder erst im Herbst, hat sie mich gefragt. Lassen wir es auf den Herbst? Da habe ich gesagt, wenn, dann müssen wir jetzt heiraten, weil im Herbst ... Denn sonst hätten wir bis zum Herbst wieder müssen eine Gitsch anstellen, und wer weiß, was für eine Gitsch da gekommen wäre. Aber im Ernst, sie hatte schon Bedenken, deshalb habe ich ja daheim gesagt, „wenn mir eine kommt". Der Vater war schon schwer krank, die Mutter konnte nicht mehr richtig arbeiten.

Ja, beide Eltern noch auf dem Hof und zwei Brüder, alle in einer einzigen Wohnung, deswegen hatte ich schon Zweifel. Narrisch gern geheiratet habe ich nicht, wir hatten ja nicht einmal eine Wohnung.

Sie hat dann aber doch gleich zugesagt, und ich konnte wieder zurück und die Botschaft überbringen, dass das klappt. Dann ist die Mutter noch einmal mit mir hinauf, die Braut anzuschauen und ein bissl zu reden. Wir waren zwar Nachbarn, aber Kontakt hat es wenig gegeben.

Heufuder mit vorgespannter Kuh. Pferd oder Ochs konnten sich nicht alle leisten. So richtete Michael Malfertheiner eine Kuh ab.

Beim Tengeln des Sensenblattes: Mit dem Hammer wurde die aufs Tengelstöckl gelegte Schneide so platt gehämmert, bis sie beim Drüberstreichen vibrierte.

Leicht war es nicht, wir hatten keinen eigenen Platz ... aber es ist schon alles gegangen.

Der Rudl, mein Bruder, hat mir geholfen ein Zimmer einzurichten für uns.

Von der Mutter habe ich nie ein böses Wort gehört, das war schon eine Erleichterung.

Kochen hat die Mutter ja noch können, da hat sie ihr auch noch etwas lernen müssen, gell? So hat sie mir in der Landwirtschaft geholfen, beim Mähen hat sie mir den Bock aufgestellt und auch sonst überall geholfen. 1954 ist dann der Vater gestorben, da waren wir noch nicht lang verheiratet.

Dann sind die Kinder gekommen: zwei Buben, dann drei Gitschen, der Bernhard 1955, der Sepp 1956, die Luisa 1957, die Christl 1960, die Paula 1961. Der Sepp ist dann verunglückt, auf dem Santner abgestürzt, als er zweiundzwanzig war.

Da haben wir dann mehr mitgemacht als im Krieg.

Sie sind am Sonntag klettern gegangen, beide Buben, der Sepp war bei der Bergwacht, er hat vielen geholfen, sie waren gut ausgerüstet. In der Früh habe ich ihnen noch das Frühstück gemacht ...

An dem Tag aber nicht, oder?

Ja, doch, ohne Frühstück habe ich sie nie gehen lassen, ich habe noch die Kuchltür aufgemacht und Pfiatenk gesagt, kommt gut heim. Und am Nachmittag ist dann die Botschaft gekommen ... Abgestürzt.

Den Hubschrauber haben wir vorher schon gehört, aber da haben wir keine Acht gegeben, Hubschrauber sind öfter da oben, man sieht ihn ja vom Haus aus, den Santner ... Er hat Maschinenbau studiert, ein paar Jahre hat er bei der Leitner gearbeitet, beim Liftbau, dann hat er einen Posten in der Schule unten in Bozen bekommen, er hat gerade angefangen, die erste Woche zu unterrichten, grad ein paar Tage ...

Er war schon ein ganz Feiner. Eine Lehrerin hat gesagt, sie ist so traurig, obwohl sie ihn erst kennen gelernt hat ... Nein, über die Kinder können wir uns nicht beklagen ...

Nach der Schule hat er mir am Nachmittag noch die Kühe versorgt, weil da habe ich auch schon auswärts gearbeitet, vom Hof haben wir da nicht mehr leben können und Rente hatten wir auch keine, die Mutter nicht, ich nicht, niemand.

Ein Felsbrock hat sich gelöst ... es tut schon weh.

Wer das nicht probiert hat ...

Möchten Sie nicht etwas trinken? Aber ein paar Knödel essen Sie schon mit uns! ... Dann aber ein Stück Kuchen, gell?

Das Bildstöckl draußen habe ich gemacht, weil uns da fast der Bernhard gestorben wäre, viel früher. Da war er erst eineinhalb, zwei Jahre und ich war beim Nachbarn oben Fackenschneiden, das habe ich so mit der Zeit gelernt, wie ein Tierdoktor. Anfangs habe ich zum Kastrieren der Facken auch immer den Tierarzt geholt, dann habe ich genau zugeschaut und selbst geschnitten. Da muss nur einer den Fack heben, dann schneidest du mit einer Rasierklinge den Hodensack auf, schneidest die Hoden heraus, tupfst ein bisschen Öl drauf, machst alles ein bisschen sauber und lässt ihn wieder laufen. Da hat man nicht nähen und gar nichts müssen, der Fack hat mehr wegen dem Festhalten geschrieen als wegen dem Schneiden. Leistenbrüche bei Facken habe ich selber operiert. Da muss einer mit dem Fack auf dem Stuhl sitzen und den Fack bei den Hinterfüßen so heben, dass er bauchwärts zu mir schaut, da haben sie keinen Mucks mehr gemacht, da konnte ich die Bruchstelle behandeln, die erkennt man ja, weil so ein Batzen herausschaut. Die jungen Fackelen haben leicht Leistenbrüche, aber mir ist keiner daran gestorben. Und deshalb hat mich damals auch der Nachbar gerufen zum Fackenschneiden, und da schaue ich zurück und sehe, wie der Bernhard bei so einem Wasserrohr vom Mühlbach einen Stein hinunter wirft und selbst hinein fällt. Da konnte ich ihn gerade noch heraus ziehen, aber wenn ich nicht genau in dem Moment hingeschaut hätte, wäre er ins Rohr hineingesaugt worden und dann ... Da habe ich als Dank das Bildstöckl gemacht.

Das Maurern habe ich anfangs für mich gelernt, um daheim die Maurerarbeiten zu machen, auf dem Hof war ja alles zu richten. Dann habe ich angefangen, nebenher ein bisschen zu arbeiten, einmal hat mich der gerufen, um den Stall auszubauen, einmal der andere, um eine Decke neu einzuziehen oder das Haus zu sanieren. Einmal habe ich ein Kalbele bekommen für die Arbeit, einmal dies, einmal jenes. Dann waren die Kinder größer und konnten auf dem Hof mitarbeiten, so habe ich immer ein bisschen mehr den Maurer gemacht. Füttern habe schon immer noch ich müssen, weil die Buben sind dann ja auswärts zur Arbeit gegangen, aber danach konnte ich selber zur Arbeit gehen. Und später ist dann der Urlaub auf dem Bauernhof dazu gekommen.

Enkelkinder haben wir zehn, und zwei Urenkel, das ist auch schön ... wenn alles gesund ist.

Vieh haben wir keines mehr, aber ein Schwiegersohn ist Bauer, der mäht unsere Wiesen mit und hält uns die Kälber. Der Sohn hat jetzt eine eigene Firma als Hydrauliker. Und ich tu halt noch die Blumen versorgen, Erdäpfel setzen, Holzmachen ... und wenn nichts zu tun ist, spiele ich beim Seniorentheater mit, das ist immer eine Gaudi.

Du machst die Dirn und er macht den Knecht

Theresia Planer, Villanders →
Völser Aicha

Theresia Planer ist die „Gemoanerin" vom gleichnamigen Hof und Buschenschank in Völser Aicha. Wie über einen frei schwebenden Söller zweigt der Weg von der Tierser Straße ab, hoch über dem von Autobahn, Staatsstraße und Eisenbahn zerschnittenen Eisacktal. Der Gemoaner-Hof liegt auf einem Bergrücken zwischen der südlichen Eisackschlucht und dem Tiersertal, steil fallen zu beiden Seiten die Wiesen ab. Die Hofstelle ist ein Ensemble von neuen und alten Gebäuden: Wohnhaus für die junge Bauernfamilie, ein kleines Nebengebäude für Theresia Planer und ihren Mann, Stall, Stadel, Ferienwohnungen, eine fürs Auge mit Holz verkleidete Garage für Bewohner und Gäste, eine alte Kapelle, in die sich Theresia Planer gern zurückzieht. Der Hund liegt an einer langen Kette, „weil er Wild jagt, das dürfen wir nicht zulassen". In der Stube steht ein Hometrainer, so versuche sie fit zu bleiben für die Arbeit, beim Bügeln läuft der Fernseher. Eine Enkeltochter, die der Opa vom Kindergarten abgeholt hat, kommt auf Besuch, die Oma gibt ihr Zeichenstifte: „Weibele, wie geht's? Gell, du bist eines meiner wunderlieben Enkelkinder." Zwei Mädchen sind es, sechs und zehn Jahre alt, eine von beiden werde wohl hoffentlich Bäuerin. Dass es keinen Bub gebe, sei kein Problem, in den Bauernfamilien werde viel zu viel Aufhebens um den männlichen Nachkommen gemacht: „Denn aus dem Biabl wird ein Bua, aus dem Bua ein Knecht und wenn der Knecht Bauer werden will, gibt es immer Reibungen, bei manchen mehr, bei manchen weniger, wir haben großes Glück gehabt." Günstig sei es, wenn der Bub zumindest nicht zu früh auf die Welt komme, dann könne der Vater länger unangefochten Bauer sein, und am besten habe es nicht der älteste Sohn, der den Hof bekommt, sondern die Jüngeren, die auswärts Arbeit suchen und den Vater nicht bedrängen – Psychologie, die aus dem Bauernleben schöpft.

Theresia Planer ist am 12. Mai 1938 auf dem Flasch-Hof in Villanders auf der gegenüberliegenden Seite des Eisacktales geboren und aufgewachsen.

Die Zeiten damals, als ich geboren wurde, waren sehr karg und sehr schlecht. Ich kann mich noch ein wenig an den Krieg erinnern. Wir waren eine „Dableiber-Familie". Wenn es damals in der Schule Streitereien gab, hat man mich die „walsche Sau" geheißen. Gestorben bin ich daran nicht, Kinder halten viel aus, viel mehr, als man glaubt. Schläge hat man gekriegt, schuften und buckeln hat man müssen, nichts verdient hat man die längste Zeit, draufgezahlt hat man oft, aber wenn der Mensch ein gutes Naturell hat, ein bisschen ein spritziger Typ ist, dann haut ihn nichts so leicht um.

Der Vater war wie ein Offizier, schlagen hat er meist gar nicht müssen, da hat man schon freiwillig gehorcht. Da war in der Nachbarschaft einmal so eine noble Frau aus der Stadt, die nach Villanders gezogen war, die Mandler Barbara. Die war damals schon anders angezogen als die Villanderer, die noch die ganze Woche die fußlange Tracht trugen. Damals wurde beim Nachbarn der Roggen geschnitten, da halfen die Nachbarn alle zusammen, die „Wiederhilf" hat das geheißen, 28 Leute haben da beim Nachbarn das Korn geschnitten. Das war beim Bürgermeister, und bei größeren Bauern war es damals üblich, dass zu besonderen Zeiten eine Krapfenmacherin kommt, und da ist eben diese Mandler Barbara gekommen, um der Bäuerin zu helfen, weil die Dirn als Vorarbeiterin auf dem Feld vorausgehen musste beim Roggenschneiden. Wir waren weder kleine Bauern noch große, so eine Zwischengröße. Die beiden Höfe waren nur durch ein Bächlein getrennt, so dass man sich darüber hinweg verständigen konnte. Und da hat diese Mandler Barbara gehört, wie unser Vater grad ordentlich das Kommando gegeben hat. Und da hat sie gesagt: „Beim Flasch muss es klappen!"

So war es. Wenn der Vater zwischen den Fingern pfiff, sind wir alle zum Rapport erschienen wie beim Militär, Generaldecharge haben wir es später genannt. Da mussten wir alle gerade stehen, die Mutter, wir vier Kinder und die Dirn, vom Vater eine Schwester. Der Bürgermeister hatte drei oder vier Dienstboten, ein Bruder war Knecht, eine Schwester war Dirn, dann hat er noch so einen Zussler gehabt, der die minderen Arbeiten ausgeführt hat wie Kühe hüten, Kälber tränken, Facken füttern. Als unsere Dirn weggeheiratet hat, hatten wir nur noch von einer Schwester vom Vater den Bua, der so ein bisschen Knechtl gemacht hat. Da war ich fünfzehn und mein Bruder war zwölf, denn dazwischen war das eine und andere Kind herausgestorben, und so musste ich nun fest arbeiten, aber fest.

Streng war es, aber Not hat es nie gegeben. Die Bauern hatten immer zu essen, hatten immer Milch. Da ging es anderen schon schlechter. Von der Jörgele Nanna hat der Mann für Deutschland optiert und war selbst im Krieg. Sie saß mit drei Kindern da und hatte nichts mehr. Die hatten regelrecht Hunger. Zweimal in der Woche sind sie mit zwei Kandelen um Milch zu uns gekommen. Damals wurde die Milch mit der Zentrifuge abgerahmt, und aus dem Rahm ist die Butter gemacht worden. Da haben sie die zwei Kandelen abgerahmte Milch bekommen und jedes Kind ein Bauernbreatl. Damit sind sie zum Brunnen hinaus und haben in das harte Brot, das oben so eine Mulde hatte, Wasser hineinfließen lassen. Das haben sie dann gegessen, voller Freude. Tausendmal „Vergelts Gott" in Himmel aui, hat die Nanna zur Mutter gesagt. Und die Mutter hat gesagt, das musst du mir nicht lohnen, das ist doch das Mindeste, dass ihr nicht verhungert, wir müssen danken, dass unser Vater nicht in den Krieg gehen muss.

Der Vater war mit zwanzig an Malaria erkrankt. Damals wurde in Waidbruck das Elektrizitätswerk gebaut, da hat mein Vater für den

Großvater das Vieh vorbei getrieben, denn der Großvater war ein Viehhändler. Und da muss er von einem der Arbeiter, die zum Teil ganz von Süden gekommen waren, die Malaria aufgeklaubt haben, anders kann er es sich nicht erklären, hat damals der Doktor Müller in Klausen gesagt. 32 Mal musste der Doktor auf den Flasch-Hof kommen. Der Bub hat ihn den halben Hof gekostet, hat der Nen, der Großvater, immer gesagt. Mein Vater war sein einziger Bub neben vier Gitschen. Wenn damals in Villanders das Zingelglöckchen läutete, hat es geheißen, der junge Flasch ist gestorben. Aber er hat überlebt. Einige Beschwerden sind geblieben, eine Herzklappenentzündung und chronischer Gelenksrheumatismus, er durfte nichts trinken, nichts rauchen, grad zurecht arbeiten, kein ausschweifendes Leben führen. Und daran hat er sich gehalten. Und als es ans Einrücken ging, ist er mit einem Stück Speck, wie das damals so üblich war, zum Doktor nach Bozen. Der hat ihm ein Zeugnis ausgestellt, dass er die Strapazen des Krieges nicht überleben würde. Dafür aber musste der Vater sich am Opferring für den Krieg stärker beteiligen als alle anderen. Wenn die anderen 2 Lire gaben, musste er 5 Lire geben, wenn die anderen 5 Lire gaben, musste er 10 geben, das war damals viel Geld. Ständig sind „Stellkarten" gekommen, elf Stück Vieh musste der Vater als Kriegsabgabe „stellen". Und wir hatten damals nur fünfzehn Stück, vier Ochsen, zwei zur Mast und zwei zur Arbeit, ein Ross, der Rest Kühe und Kälber. So wäre der Vater vor lauter Kriegsabgaben fast um den Hof gekommen.

Der Bauernführer in Villanders war ein überzeugter Nazi, ein Kusin meiner Großmutter, aber das hat nichts geholfen. Und als schon alle vom Zusammenbruch redeten, vierzehn Tage vor Kriegsende, kam noch eine Stellkarte. Diesmal hätten wir eine schöne trächtige Kalbin hergeben müssen. Der Vater hat eine Wut bekommen und hätte weiß Gott was aufgeführt. Aber meine Mutter war zwar ein einfacher Bauernmensch, ganz bescheiden, aber auch gescheit und allgemein respektiert, weil sie so ruhig und besonnen war. So haben sie sich ganz gut ergänzt, wenn es auch keine Liebesheirat war, sondern eine Muss-Heirat, was oft aber gar nicht so schlecht ist. Jedenfalls hat die Mutter den Vater beruhigt, ein irdenes Töpfchen Honig und mich bei der Hand genommen und ist zum Naziführer hinauf. Vetter, hat sie gesagt, wir haben nur noch drei Kühe und zwei Ochsen und das Ross, die brauchen wir zur Arbeit, die Milch reicht fast nicht mehr, aber mit der Kalbin und ihrem Kalb, das bald kommt, würde es ein bisschen besser. Sie solle nicht so ein Theater machen wegen einer Kalbin, hat er gesagt, er sei bereit seinen einzigen Sohn zu opfern für den Hitler-Krieg. Da habe ich müssen niederknien vor ihm und sagen, geh Vetter, lass uns die Kalbin. Er hat seinen Zwicker aufgesetzt, das war schon ein studierter Bauer, und die Stellkarten studiert und gesehen, dass wir wirklich schon elf Stück abgegeben hatten. Gitschele, hat er gesagt, steh nur auf, du bist so ein armseliges Fratzl, brauchst ja wirklich die Milch, und hat die Stellkarte zusammengerissen. Beim Hinausgehen hat die Mutter gesagt, moant Es schon, Vetter, es zahlt sich aus, die vielen Opfer für den Krieg zu bringen, ja sogar den einzigen Sohn zu opfern? Ja, hat er sie angeherrscht, soll ich epper alles rückgängig machen? Na, bitteschön nicht, hat die Mutter gesagt und ist bei der Tür hinaus, Gott sei gedankt.

In der Schule hing damals statt dem Kreuz der Hitler. Sprechstunden gab es nicht, aber die Mutter hat sich viel gekümmert, wie es mir in der Schule ging, und da ist sie öfters zum Lehrer gegangen. Da hat sie auch stets etwas mitgenommen, ein Stück Speck oder ein paar Kaminwurzen, und mich hat sie geheißen ein paar Blumen zu pflücken, Himmel-, Hölle-, Fegfeuer-Blumen und Vergissmeinnicht, damit habe ich ein nettes Sträußl gemacht. Das erste Mal hat der Lehrer dann gesagt, ja das Thresele ist recht brav, hat ein gutes Auffassungsvermögen, aber etwas geht halt einfach nicht. Sie sagt in der Früh immer „Guten Morgen" und beim Heimgehen „Pfiat Gott", aber nie „Heil Hitler". Die Mutter hat den Lehrer fest angeschaut, Herr Lehrer, sind Sie schon überzeugt von der ganzen Sach, sind Sie selber schon überzeugt? Nein, hat er gesagt, aber ich darf es nicht sagen. Gut, hat die Mutter geantwortet, dann wissen wir es beide und lassen die Gitsch halt grüßen, wie sie grüßt. Und das war's dann.

Diese Fähigkeit, mit den Menschen klug umzugehen, hat die Mutter schon gebraucht, denn leicht hatte sie es nach der Muss-Heirat nicht. Im November 1937 um Martini, haben meine Eltern geheiratet und am 12. Mai 1938 bin ich auf die Welt gekommen. Ich war keine Frühgeburt, sondern eine zu spät legalisierte Geburt, der Grund für die Muss-Heirat. Du weißt schon, hat der Großvater zu meiner Mutter und meinem Vater, seinem Sohn, gesagt, dass ihr nichts habt, du machst die Dirn und er macht den Knecht. Der Großvater war ein wohlhabender Bauer, er hat als Viehhändler so viel verdient, dass

Leben und Arbeiten in der Steillage: Lange Zeit wurden Erde und Heu mit der Hand „hinaufgegrattelt". Der Einachser mit Anhänger machte den Hang befahrbar.

Ochsengespann auf dem Gemoanerhof: für den Bau des neuen Stadls musste nicht nur Holz vom Bauhof, sondern auch Wasser in Fässern mit dem Ochsenwagen herbeigeführt werden, da der Hof noch ohne Wasser war.

sein Bargeld ausgereicht hätte, einen schönen Hof zu kaufen. Der Bua kriegt das Hoamat und die vier Gitschn das Geld für den zweiten Hof, hat er früher immer gesagt. Er ist weit herumgekommen, nach Kärnten, nach Lienz, hat oft waggonweise Vieh gekauft und immer bar zahlen müssen. Meist war er mit seinem Schwager unterwegs, der hatte nicht einmal Schuhlitzen, sondern nur einen Spagat in den Schuhen, ausgeschaut haben beide wie die Lotter. Da waren sie einmal wieder in den Ställen unterwegs und sind danach in Innsbruck zum Brennessel, das war so ein Bauerngasthaus wie das Rössl in Bozen, die Hosenschlottern voller Kuhdreck, weil früher die Ställe nur am Samstag ausgemistet wurden. Unter der Woche wurden die Ställe nur eingestrebt. Und da hat ihnen die Kellnerin nichts geben wollen, weil sie fürchtete, dass sie nicht zahlen können. Der Großvater hatte aber immer einen gewissen Luxus, einen schwarzen Hut mit eingestecktem Hirschhornreggele und Tschoggelen dran und mit einem Ewigkeitsbüschele, das waren gelbe Trockenblumen, so kleine Röschen, die ich seitdem eigentlich nie mehr gesehen habe. Und eine große breite silberne Kette mit einer schönen Schlüsseluhr hatte er auch, das war ganz etwas Besonderes. So hat ihnen der Wirt doch auftragen lassen. Als es ans Zahlen ging, hat der Großvater seine Geldtasche mit sechs Falten und einem eingravierten JG für Josef Gantioler herausgezogen, was damals auch kaum jemand hatte. Gezahlt hat er mit einem Hundert-Kronen-Schein, den musste die Kellnerin erst in der Apotheke wechseln gehen. Als Strafe hat der Großvater dann das Hirschhornbesteck mitgehen lassen, das auf dem Tisch war. Das ist heute noch auf dem Hof.

Als meine Eltern heirateten, war der Großvater schon 68 Jahre, aber den Hof zu übergeben, kam gar nicht in Frage. Das Einzige, was die Großeltern meinen Eltern abtraten, war das Ehezimmer, selber sind sie ins Unterdach hinauf. Als ich auf die Welt gekommen bin, war ein Sauwetter, die Eismander. Da hat man früher auf den Wiesen den Mist angetrieben, zerkleinert. Der Vater hat mit dem Ross die „Eget" gezogen. Es gab zwei Arten von solchen Eggen, für das Getreide hatte man eine Holzegge mit Eisenzähnen. Die Mistegge dagegen hatte auf der Unterseite zwei Ketten mit großen Gliedern, eine große und eine kleine, und war mit Steinen beschwert. Damit ist der Mist zerkleinert worden. Links und rechts von der Egge haben die anderen mit dem Rechen alles zerhacken müssen, was von der

Egge nicht erfasst wurde. Das war eine sauschwere Arbeit, und deshalb ist die Großmutter statt der Mutter hinaus helfen, so viel Rücksicht hatten sie schon. Sie waren harte Leute, aber keine Viecher. Die Mutter richtete in der Zwischenzeit das Halbmittag, Milch mit eingebrocktem hartem Brot, die sie in einer großen Schüssel auf den Lehmofen stellte, so dass sie schön lauwarm wurde. Die Küche war noch eine alte Rußkuchl, aber in der Stube war es fein. Und da saßen dann alle beisammen und ich habe geplärrt und geplärrt. Da rüttelte eine jüngere Schwester von meinem Vater so heftig an der Wiege, dass sich mein Vater aufregte und „Rotzgitsch" sagte. Sofort wies ihn der Großvater zurecht: „Du weißt schon, Rotzer, dass du hier nichts zu schaffen hast."

Beim Nen gab es keinen Widerspruch. Aber die Mutter war ein feiner Mensch, ein Viehmensch wie der Nen, das sind die Leute, die sich aufs Vieh verstehen, die verstehen sich dann auch untereinander. Und mit der Zeit hat sie es beim Nen narrisch gut gekriegt. Die Nadl, die Großmutter, stammte von einer Zimmererfamilie und hatte keine Freude mit dem Vieh, das war auch keine Liebes-, sondern eine Muss-Heirat. Einen Bauer, hat die Nadl immer gesagt, hätte sie nie wollen, viel lieber einen Tischler oder Zimmermann oder sonst einen Hantierer. Die Mutter dagegen hat dem Nen in der Früh, bevor er mit dem Vieh zum Markt aufgebrochen ist, die Kühe, Ochsen und Kalbelen schön gestriegelt und hergerichtet. Und abends, wenn er zurückkam, ist sie ihm ein Stück entgegen gegangen und hat ihm geholfen, das Vieh in den Stall zu bringen. „Habt Es gut gelöst, Vater?" Einen guten Preis erzielt, hat das geheißen, und „Es" hat man zu den Eltern immer gesagt, auch ich halte das noch so mit meiner Schwiegertochter, das wird schon altmodisch sein, aber darauf lege ich Wert.

So hat es die Mutter gut gehabt mit dem Großvater, aber ich war noch eine Zeitlang das Kind der Schande. Da ist einmal in der Früh der Flickschuster gekommen. Vom Herbst bis Frühling ging die Großmutter jeden Tag in die Kirche, sonst nur sonntags. Und wenn die Nadl in der Kirche war, durfte die Mutter das Halbmittag richten und die Knödel für Mittag vorbereiten, sonst durfte sie in der Küche nichts anrühren. So richtete die Mutter in der Küche das Halbmittag her, für den Nen ein Stück Monterosserkäse, das war so ein billiger Kartoffelkäse, den er sehr gern hatte, und für den Schuster ein Stück Speck und zwei Viertelkrügel Wein und Brot. Der Schuster hatte sich im Herrgottswinkel den Tisch etwas vorgeschoben und sein Schusterzeug ausgebreitet, um auf Lichtmess hin die neuen Schuhe für die Dienstboten zu machen und die alten zu flicken.

Ich saß auch dabei, ungefähr zweieinhalb Jahre alt. Nun war aber der Schuster ein abgewiesener Freier von einer Schwester meines Vaters und hat den Nen ein bisschen ticken wollen. Thresele, fragte er mich, hast den Nen gern? Nein, habe ich geantwortet, weil er hat mich auch nicht gern, er gibt mir nie einen Monterosserkas. In dem Moment kam die Mutter mit dem Brettl herein und ließ vor Schreck alles fallen, Weinkrüge, Speck und Käse, alles auf dem Boden. Gepackt hat sie mich, hinein in die Ehekammer: „Kind, was hast du getan, wenn uns der Nen jagt, dann mögen wir's haben ..." So war es früher, dass sie diese Angst hatte. Am Abend ist die Mutter vor dem Großvater niedergekniet, und ich habe müssen daneben knien und um Verzeihung bitten. Gell, Vater, hat sie gesagt, jagen tut Es uns nicht. Na, na, werden wir dich doch nicht jagen, hat der Nen gesagt, das wäre noch schöner, wo willst du denn hin. Aber der Fratz, der hat es mir heut schon schön gemacht ..."

Am nächsten Tag hat mich der Großvater bei der Hand genommen und ist mit mir zum Nachbar hinüber. Da war ich noch recht widerspenstig und habe so seitlich weggezogen, aber am nächsten und übernächsten Tag hat er mich auch mitgenommen und da hat er angefangen, mir unterm Kirschbaum Geschichten zu erzählen, von den Seaköflbiabeln und von den Schätzen im Seaköfelsee, vom Kegelspiel in der Rotlahn, vom verbannten Wirtsmandl. Und ich habe immer gesagt, Nen, erzähl noch eine Geschichte. Bald darauf ist noch mein Bruder auf die Welt gekommen, der Franzl. Ein Bua! Der war dann alles, aber ich hatte meinen Stein im Brett beim Nen.

Vom Überschreiben hat der Nen aber weiterhin nichts wissen wollen. In Villanders ist man früher in solchen Fällen, wo sie es sich nicht ausmachen konnten in einer Familie, nicht zum Anwalt, sondern zum Pfarrer gegangen. Das war ein ganz Gescheiter, ein Vinschger, der Jakob Bertagnolli. Zu Jakobi wurde ihm zu Ehren die große Glocke geläutet, und die Bäuerinnen brachten ihm Butterknollen oder ein Stück Fleisch oder Speck. Als er dabei einmal mit der Mutter ins Reden kam, sagte er nur: Da muss wohl ein Unglück passieren, sonst wird der Nen nicht weich, der ist zu wohlhabend und zu selbstherrisch.

Bald darauf, 1942, ist dem Nen die älteste Tochter weggestorben. Das war ganz eine Schneidige, eine Schöne, Ernsthafte. Zu Neujahr war sie noch in der Kirche, zu Dreikönig war sie tot. Sie hatte nicht den geheiratet, den sie für ihr Leben gern gehabt hätte und war ein bisschen unglücklich, aber Ausgrasen hat es damals nicht gegeben. Das war so. Ihr Mann war ein guter Villanderer Bauer, aber ein Grobian. Er wird schon auch gemerkt haben, dass sie nicht mit der ganzen Liebe dabei war, aber anständig ist sie trotzdem immer gewesen. Und als nach eineinhalb Jahren ein Kind kam, hoffte sie, jetzt werde es schon besser werden. Aber dann ist nach einem halben Jahr das Kind gestorben. Und sie ist schwer an einer Grippe erkrankt. Eine Tante war Dirn auf ihrem Hof, der eine halbe Gehstunde entfernt lag. Diese Tante hat die Mutter geholt, da hatte die Kranke schon so hohes Fieber, dass die Mutter sagte, er soll doch den Doktor holen lassen. Wegen einer Grippe holt er keinen Doktor, hat er geantwortet. Dann ist die Nadl hinüber zum Schwiegersohn, er soll den Doktor holen oder wenigstens einen Geistlichen. Nein, sagte er, Pfarrer ruft er auch keinen. Über Nacht ist sie dann gestorben.

Da war der Großvater am Boden zerstört. Sie wurde in der Stube aufgebahrt, vor dem Ofen, da sind alle gekniet und ich war so schockiert, dass ich mich mit dem Rücken zur Leiche hingekniet habe. Der Nen ist zusammengebrochen. Der Vater musste ihn heimführen, unterm Arm eingehängt, die Nadl ist noch allein gegangen, die war die Zachere. Beim Begräbnis ist der Nen mit meinem Vater separat gegangen, aber das ist nicht so aufgefallen, weil bei Begräbnissen die Gevatterleute, die Taufpaten, zusammengehen. So ist der Mann von der Verstorbenen mit seinem Taufpaten gegangen und der Nen mit meinem Vater und dessen Taufpaten und die Mutter mit ihrem Taufkind. Verziehen hat er ihm nie, „den Stier" hat er ihn nur noch genannt. Wenn sie beim Grab zufällig zusammengekommen sind, ist der Nen weggegangen.

Am Tag nach dem Begräbnis ist der Nen von der Dachkammer in die Stube heruntergekommen und hat zu meinem Vater gesagt, dass weißt, jetzt lasse ich dir den Hof überschreiben, du musst ihn mir aber sofort bar auszahlen. Und hinaus ist er zur Stubentür. Von Schenken war keine Rede mehr. Der Vater hat die Mutter gerufen. Er wusste nicht was tun, denn Geld hatte er ja keines, er hatte ja immer umsonst gearbeitet. Die Mutter war acht Jahre bei einem Bauern in

Dienst und hatte sich ein bisschen etwas erspart. Aber obwohl sie so fest sparten, war halt doch etwas weggekommen für das Gewand und das Schuhzeug. Da hat sie dann mit ihrem Bruder Franz, der das Hoamat übernommen hat und noch ledig war, an einem Sonntag alle acht Geschwister zusammengerufen: eine Basl war zuerst Häuserin gewesen, dann bei einem Gerber in Dienst gegangen, eine andere Basl hatte einen Müller mit einem Sägewerk geheiratet, ein Vetter hatte selber eine Säge und einen kleinen Holzhandel, der stand sich am besten; ein anderer Vetter war Pächter, einer hatte eine Kinderlähmung und arbeitete daheim, einer war Förster, und so hatte halt der eine mehr und der andere weniger. Aber alle zusammen haben sie 25.000 Lire zusammengebracht. Schein für Schein hat der Vater dem Nen das Geld in der Stube vorgezählt, dann hat dieser überschrieben. Der Nen, der ein stocknüchterner Mensch war, hat aus Verdruss zu trinken angefangen: Bauer war er nicht mehr, die Tochter war gestorben und als drittes Unglück kam die Geldentwertung. Der Vater hatte ihm noch geraten, den Steinacher-Hof in der Nähe zu kaufen, der grad zu haben war, aber der Nen hat nicht mehr wollen, und plötzlich war das Geld nur mehr einen Bruchteil Wert. Zwei Jahre ging das so, dann ist der Nen im Sommer auf die Alm und hat Vieh gehütet, und so wie er plötzlich angefangen hat zu trinken, hat er wieder aufgehört. Er war halt einfach ein Viehmensch.

Mein Vater ist ein sehr tüchtiger Bauer geworden. Er musste die Geschwister auszahlen, weil das Geld vom Nen nicht mehr gereicht hat, aber mit der Zeit hat er die Schulden bezahlt und den Hof vorwärts gebracht. Meine Mutter hat fest mitgearbeitet, das waren einfach fleißige Leute. Wir hatten den ersten Elektropflug in der Villanderer Gegend, die erste strombetriebene Seilwinde und die erste Seilbahn mit Strom. Wir mussten dadurch den Mist nicht mehr zu den oberen Wiesen schleppen, sondern konnten ihn elektrisch „hinaufdrahteln". Diese Anlage hatte auch den Vorteil, dass wir die Furchen nicht mehr seitwärts in den Hang ziehen mussten, wodurch immer Erde nach unten abgerutscht war, die wieder mühsam den Hang hinauf zu befördern war. Wir zogen jetzt die Furchen den Hang aufwärts hinauf, da blieb die Erde liegen. Das war eine große Erleichterung.

Als dann meine Geschwister größer wurden und mich als Arbeitskraft auf dem Hof ersetzen konnten, hat es geheißen: Jetzt kannst du auswärts auf Dienst gehen und etwas lernen und verdienen. So bin ich auf „Loahn" gegangen. Zwei Winter war ich in Bozen bei einer Kellerei, und von Mai bis Allerheiligen daheim bei der Feldarbeit. Dann habe ich als Abspülerin in Meran gearbeitet, später habe ich mich in Unterrain von der Hilfsköchin zur Köchin emporgearbeitet, und schließlich habe ich den Gemoaner-Bauer kennen gelernt.

Mit dem Heiraten haben wir uns bewusst ein bisschen Zeit gelassen. Seine Mutter war noch gut beinand und hat noch für alle gekocht, er hat fleißig gearbeitet und ich konnte noch ein paar Jahre verdienen. Ich hatte damals eine gute Stelle, das waren reiche Leute, aber Viehmenschen, Bauersleute. Und reiche Bauersleute sind immer anders als reiche Herrische, weil bei reichen Herrischen darfst du nirgends mehr sein, wenn die Arbeit getan ist, da musst du dich in Luft auflösen. Bei den Bauern darfst du auch da sein, wenn du die Arbeit fertig hast. Und so habe ich noch ein paar Jahre gespart. Und wie gespart! Aber ich war das ja auch gewohnt, heutzutage haben sie alles, wir hatten einen Schulschurz, ein Schulgewand, ein Schulkopftüchl, die Buben eine Hose, eine Pfoate, also ein Hemd, einen Jangger, einen selbstgestrickten Sarnerjangger aus Schafwolle, die Stutzen, und das war's. Man hat warm gehabt, man hat ordentliche Schuhe gehabt, aber man hatte kein bissl Bequemlichkeit, kein Radio, kein Ausgehen, gar nichts. Wir sind ja auch sehr streng erzogen worden. Unser Vater war ein Musikant, und eine Schwester von ihm war auch hochmusikalisch. Wenn die auf der Alm gesungen haben, war es wunderschön. Aber tanzen durfte niemand, das war lasterhaftes Zeug. Unser jüngster Bruder ist heimlich tanzen gegangen, wir Älteren haben uns nicht einmal das getraut. Ich bin als junge Frau nie zum Friseur gegangen, nie ausgegangen, die anderen haben flott gelebt und ich habe gespart.

Das war auch nötig, weil wir uns auf dem Gemoaner-Hof alles erst wieder aufbauen mussten. Die Familie von meinem Mann hat diesen Hof in den dreißiger Jahren gekauft. Damals sind gar manche Knechte zu Höfen gekommen, weil die Bauernsöhne ein zu lockeres Leben geführt haben, während die anderen hart gespart haben. Mein Schwiegervater war ein Pluner-Sohn in Völser Aicha, das waren Viehhändler, über Generationen hinweg. Seine Frau, meine Schwiegermutter, war eine Müllerstochter, die an einem reißenden Wildbach aufgewachsen ist. Überall hätte der Schwiegervater kaufen können, nur nicht bei einem Bach, so sehr hat sie sich davor geängstigt. Da

Die Vespa als Symbol für eine vorher kaum gekannte Mobilität und Freiheit: Sepp Planer vor dem neuen Stadl auf dem Gemoanerhof.

Theresia Planer beim Vorbereiten der Schlutzkrapfen – der Aufbau von Buschenschänken brachte vielen entlegenen Höfen eine neue Zukunftsperspektive.

haben sie lieber diesen steilen Rücken da gekauft, der nicht gerade der schönste Hof in der Gegend war. Leicht hatten sie es hier nicht, aber die Schwiegereltern waren rechtschaffene Leute, die Schwiegermutter war fleißig, sauber, ehrsam, und eine wunderbare Köchin, das muss ich schon sagen, auch wenn ich meinen Teil abgekriegt habe und mir geschworen habe, dass es meine Schwiegertochter nicht so haben soll.

Drei Kinder haben sie bekommen, 1834 die Rosa, 1938 den Toni, meinen Mann, 1941 den Sepp, den Jüngsten. So um 1960 hat die Rosa weggeheiratet, der Sepp ist in die Stadt hinunter, und mein Mann hat mit den Eltern allein hier gelebt. Da hat er durch Holzarbeit in Blumau auch schon etwas dazu verdienen müssen. Auf dem Weg zur Arbeit ist er 1969 von einem Auto angefahren worden, da ist ihm eine Entschädigung angeboten worden, aber der Advokat hat gesagt, wenn er Bauer wäre, würde er mehr kriegen, weil dann der Schaden größer wäre als bei einem Knecht. So hat mein Schwiegervater das Hoamat überschreiben lassen. Mit diesem Geld und meinem Ersparten konnten wir die Geschwister auszahlen. Damals war es Brauch, dass der Viehstand bezahlt wird, aber weil so wenig Vieh war, wurde ein anderer Schlüssel angewandt, bei dem um einiges mehr herauskam. Als mein Mann gezögert hat, habe ich ihm Mut gemacht: „Du musst zuschlagen, weil besser ist ein armes Hoamat als gar keines." Was hätte er sonst tun sollen, mit 32 Jahren, noch einmal als Knecht hinaus in die Welt? Ich habe ihm aber auch gesagt, dass es mir wichtig ist, dass wir den Hof nach oben bringen, ich werde ihm helfen. Wir hatten nicht viel, aber ich habe mir gedacht, er ist ein anständiger Mensch, er sauft nicht, er raucht nicht, der täte so zu mir passen. Was er gebremst ist, bin ich zu rasant, das ergänzt sich dann ganz gut.

Am Pfingstsamstag 1970, am 16. Mai, haben wir geheiratet. Es war eine sehr stille Hochzeit. Still wäre sie sowieso gewesen, weil wir ja nicht reiche Leute waren, aber einen Monat vorher ist auch meine Mutter gestorben. Es gab Nudelsuppe mit Fleisch, Wienerschnitzel mit gemischtem Salat, Kompott und Torte und Kaffee als Nachspeise. Danach sind wir heim, er ist in den Stall gegangen und ich habe ein bisschen etwas eingeräumt und mit der Arbeit angefangen. Am Tag danach, Pfingstsonntag, haben wir Lampenschirme montiert, die ich mitgebracht hatte, das war die erste Aktion.

Der Mann war schneidig, der Stadel neu, aber das Haus war beim Zusammenfallen, die Kuchl rußig, im Stall waren nur mehr sechs

Stück Vieh, ein paar Hennen. Fack hatten sie keinen mehr, geschlachtet wurde auch nicht mehr. Wir haben junge Fackler gekauft, eine Kuh, ein paar Hennen mehr. Und nach elf Monaten ist der Bub auf die Welt gekommen, unser Josef. Genau in der Zeit kam eines schönen Sonntags eine nette Bozner Familie von der Stadt herauf, sie hatten zwei Gitschelen mit Pippi-Langstrumpf-Zöpfen. Sie sind da vorbeigewandert und haben gefragt, ob sie nicht ein Stückl Speck kriegen könnten. Das habe ich ihnen aufgetischt. Und wir sind so ins Reden gekommen, wie schwierig es geworden ist, auf so einem Hof zu wirtschaften mit ein paar Kühen und dem bisschen Buttergeld. Wir würden gern das Haus herrichten, aber es schaut einfach zu wenig heraus, zum Sterben haben wir zuviel, zum Leben zu wenig, habe ich gesagt. Da sagt der Mann zu mir, ja Gemoanerin, das ist hier so ein nettes Platzl, was täten Sie sagen, wenn da am Sonntag ein paar Leute kommen würden zum Essen und zum Marenden, ob ich da was kochen könnte. Ja, freilich, habe ich gesagt, ich würde Knödel machen und Gulasch und Schmarrn und Spiegeleier und Speck und geröstete Erdäpfel und einen Salat. Ja, so ist es gegangen; zuerst ist er mit ein paar Freunden gekommen, alles gute Bozner Familien, dann hat sich das herumgesprochen, dass ich da aufkoche und Marende mache, einen Buschenschank halt, und im Herbst das Törggelen. Mit den Äpfeln, die ums Haus herum wuchsen und damals nur an die Facken gefüttert wurde, habe ich Apfelschmarrn gemacht und so viel mehr herausgeholt, und die Zwetschgenküchel, die ich von meiner Mutter kannte, habe ich auch eingeführt.

Schon am ersten Sonntag habe ich so viel verdient, dass ich für die ganze Woche Lebensmittel kaufen konnte. Da habe ich mir gedacht, jetzt geht's aufwärts. Und als dann der Josef Rampold, der auch hierher kam, sogar einen Artikel über uns geschrieben hat, haben wir einen richtigen Aufschwung bekommen. 1974 haben wir das Haus und den Dachstuhl gerichtet und die Ferienwohnungen gebaut. Da war dann schon das zweite Kind unterwegs, die Elisabeth, und das dritte ist auch ein Mädel geworden, die Rosa.

Für meinen Mann und vor allem für die Schwiegereltern war es schon ein Schock, wie ich da auf dem Gemoaner-Hof herumgewirbelt habe. Da hat es schon Gerede gegeben über die „junge Gemoanerin", was die für ein Weib ist. Wenn du fremd bist in einem Dorf, ist es doppelt schwer. Bei der ersten Fronleichnamsprozession gleich nach dem Heiraten bin ich mit meiner Villanderer Tracht dagestanden und glaubte, putzschneidig zu sein, aber als sich die Frauen zwei und zwei zusammengetan haben, um sich in die Prozession einzureihen, bin ich alleine übrig geblieben, ich und die Federer Martha, die eine leichte Behinderung hatte. Da bin ich zu ihr und habe gesagt, wir zwei werden wohl miteinander gehen, sonst bleiben wir da kleben. Danach ist es schon besser gegangen mit den Dorfleuten, aber der Federer Martha habe ich die Treue gehalten bis zuletzt, als sie ins Altersheim kam.

Und sonst habe ich halt gebuckelt. Am Freitag habe ich angefangen für die Gäste zu kochen, am Samstag ging das Törggelen los, oft bis zwei in der Nacht. Und als alle weg waren, habe ich begonnen für den Sonntag die Schlutzkrapfen zu machen, bis zum Betläuten um fünf in der Früh. Da habe ich den Herd noch einmal nachgeschürt, damit es in der Früh schön warm ist, habe eineinhalb Stunden geschlafen und dann wieder weitegearbeitet bis Mitternacht. Und am Montag habe ich den ganzen Tag aufgeräumt. Dazu hatten wir die ganze Woche Hausgäste.

So haben wir es weitergebracht. Wir haben die Wege richten können und die Bewässerung, wofür andere eine Wiese hergeben mussten. Maschinen haben wir kaufen können, einen VW-Käfer haben wir uns geleistet mit dem Versicherungsgeld von meinem Mann und dem, was nun dazu kam.

Eine Freude war, wie auch die Kinder in all das hineingewachsen sind, die Töchter haben geholfen und der Bub hat mir, als er in Blumau zur Mittelschule ging, immer Hauswürste und sonstige Sachen gebracht, die ich dort bestellt habe. Das hat auch der Schwiegervater erkannt. Als er im November 1989 gestorben ist, hatten wir das Haus voller Gäste, am Tag davor hat er mir noch Köschtn geritzt, mit 97 Jahren. Und er hat gesagt, er dankt mir ganz fest dafür, was ich für den Hof getan habe, damit es mit dem Hoamat weiter geht, und dass ich einen Bub aufgezogen habe, der es übernehmen wird. Und ich habe gesagt, ja, Vater, das braucht Es mir nicht zu danken, das ist meine Pflicht gewesen, die übernimmt man ja mit dem Heiraten, wenn man ein pflichtbewusster Mensch ist. Und wissen Sie, was meine größte Freude war: wie der Bub so weit war, mit 14 Jahren, dass er alleine die Wiese unter dem Hang mähen konnte. Statt wie seine Freunde ein Motorradl hat er kleines Mähmaschinl bekommen.

Damit ein Bauernhof weitergeht, musst du schon auch das Glück haben, dass die richtige Frau auf den Hof kommt. Ich habe meinem Sohn immer gesagt, die Fünf-Minuten-Flattern brauchst du mir nicht bringen, aber wenn du eine kennen lernst, die ordentlich ist und hierher passt, dann werde ich ihr helfen so gut ich nur kann. Da hat er dann die Irmgard kennen gelernt und da habe ich gleich gespürt, das ist ein verantwortungsbewusster Mensch, ein feiner Mensch. Überschrieben haben wir erst, als er dreißig war, weil ein bisschen eine Reife soll ein Mensch schon haben, wenn er einen Hof übernimmt. Und als er mir die Irmgard vorgestellt hat, hatten wir gerade das Haus voller Leut, mein Mann hat Kastanien aufgeklaubt, der Bub hat kassiert und bedient, ich war in der Küche, und bei der Güllegrube und dem Vieh war auch dringend etwas zu tun, und da hat sie gleich mitgeholfen. Danach habe ich bei einem Kaffee ganz offen und ehrlich mit ihr geredet, dass wir Arbeitsleute sind, dass wir fest zusammenhelfen müssen, und wenn sie das auch mag, dann passt sie hierher, sonst ist es besser, sie lässt es bleiben. Das war vielleicht ein bisschen hart, aber ich habe mir gedacht, sie muss schon wissen, wo sie hin heiratet, sonst ist sie danach unglücklich.

Und im Herbst 2001 haben wir übergeben. Die Töchter wurden ausbezahlt und wir haben uns auf dem Hof eine eigene Wohnung gerichtet, damit die Jungen ihre Ruhe haben. Wenn's gut geht, können wir zusammen sein, und wenn's nicht gut geht, hat jeder sein Revier. Die Irmgard ist Lehrerin und Bäuerin und führt mit unserem Sohn den Buschenschank, das ist ein Haufen Arbeit, aber sie ist fleißig und wir helfen ihr alle, der Vater hilft ihr, ich helfe ihr, und unsere Töchter springen auch jetzt noch ein, wenn es nötig ist. Das Vieh haben wir so um 1997 aufgelassen, 1998 haben sie geheiratet. Wir haben jetzt Obst- und Weinbau, auf der Tierser Seite den Wein, auf der Eisacktaler Seite die Äpfel, aber da pflanzen wir jetzt statt der Äpfel auch Wein und Birnen, weil die Birnen schon im August geerntet werden, so dass die Arbeit besser eingeteilt werden kann. Auch machen Birnen weniger Arbeit, müssen weniger gespritzt werden, sind ein dankbares Obst, wir haben einen Schnapsbrenner als guten Abnehmer. Ein großes Wasserreservoir haben wir gerichtet, mit allen Schwierigkeiten, aber Wasser braucht es auf einem Hof, denn Wasser ist Leben. Der Bub macht weiter, wie es sein Großvater angefangen hat. Das war auch die einzige Bedingung, die wir gestellt haben: Er bekommt den Hof geschenkt, aber er muss ihn im Sinne des Großvaters, der ihn 1933 gekauft hat, weiterführen, egal was passiert.

Ich bin mit Leib und Seele „die Gemoanerin" gewesen, mit meinem Herzblut. Und jetzt bin ich „die alte Gemoanerin", weil es richtig ist, dass die Jungen nachkommen, damit es weitergeht.

Früher hat man anders miteinander geredet

Alois Schwingshackel,
Taisten

Die Johannisbeerstauden entlang des Gartenzaunes sind liebevoll gebunden, der Mist im Gemüsegarten fein zerbröselt und untergeharkt, Wintersalat sprießt unter dem Flies. Der Stall ist ans Wohnhaus angebaut, man lebt mit dem Vieh gemeinsam unter dem Dach. Alois Schwingshackel wohnt nach der Taistner Dorfeinfahrt kurz vor der Kirche und dem Zentrum, nur eine Garage bremst den Blick, ansonsten fällt er von der straßenabgewandten Seite ins Weite. Ein Freund ist auf Besuch, nur um ein Jahr älter als Alois Schwingshackel, aber er kam heute, um dem „Jüngeren" feierlich das Kassabuch des örtlichen Frontkämpferverbandes zu übergeben, die Seinen würden es einheizen bei seinem Ableben, hier in diesem Hause empfinde er es besser aufgehoben
Während Alois Schwingshackel erzählt, klopft er mit der Innenhand auf den Tisch, regelmäßig und nachdrücklich. Seine Hände sind feingliedrig und gepflegt, „man muss nur

fleißig schmiergen", sagt er, „ich hatte immer schöne Hände, und natürlich ist das auch eine Sache der Haut, andere haben sie immer offen, ich nie. Ich habe sie immer mit Melkfett eingerieben, das man den Kühen auf die Tutten schmiert, das ist auch für unsere Haut gut, und früher, bevor es das Melkfett gab, hat man Speckschmalz geschmiert." Durch das Schmiergen habe er sich die Hände gut erhalten, nur den Ehering habe er einmal austauschen müssen, weil der erste bei der Holzarbeit „gar" wurde.

Das Haus ist innen viel größer als man von außen meinen würde. Jede halbe Stunde schlägt die alte Pendeluhr. Die Stube stammt aus dem Jahre 1933 und duftet immer noch nach Holz. 1932 war der ganze Hof abgebrannt. Aloisia Schwingshackel sitzt in der Küche auf einem Sofa und strickt, sie lacht schüchtern und erkundigt sich, ob sie einen „Honnes" zubereiten soll, einen Johannisbeersaft. Sie habe immer gelacht und wenig geredet, sagt er, die Weiberleute hätten früher noch gefolgt, heute folgen sie nicht mehr. Dass sie mitginge in die Stube, um zuzuhören oder mitzureden, wird gar nicht thematisiert. Sie lacht und versteckt sich hinter der Strickarbeit, „ich stricke jede freie Minute, Socken, Handschuhe, ärmellose Pullover, Topflappen, Decken, das kann man alles brauchen". Erst als der Mann überpünktlich zu einer Sitzung aufbricht, kommt sie ein wenig ins Reden. Ihr Tag beginnt um sechs in der Früh, Kaffee machen, Suppe herrichten, die zwanzig Hennen füttern. Nach wie vor gibt es Brennsuppe in der Früh. Der Bohnenkaffee wird aus Sparsamkeit und der schöneren Farbe wegen nach wie vor gemischt mit „Cicoria tostata Franck", einem leicht karamellisierten und gerösteten Zichorie-Extrakt. Auch die Art und Weise des Kaffeekochens ist die überlieferte von eh und je: Franck-Pulver mit Wasser aufkochen und mit dem dunklen Gebräu dann die „kluge" gemahlenen Bohnen übergießen, ziehen lassen und abseihen. Das Cicoria-Pulver bekommt man nur mehr in vereinzelten Dorfläden, im Supermarkt bekommt man so etwas nicht. Aber dorthin gehe sie ohnehin nicht zum Einkaufen.

Ich muss pünktlich gehen am Abend, in fast sechs Jahrzehnten bin ich nie zu spät gekommen. Für die Gemeinde habe ich viel gemacht, oh Maria, das Leben ist so lang, fünf Jahre war ich im Gemeindeausschuss, von 1956 bis 1960. Damals gab es nur eine Liste, nicht zwei wie heutzutage. Die meisten Vorzugsstimmen hatte ich damals, so musste ich jeden Beschluss unterschreiben, das war schon auch mühsam, zweimal in der Woche nach Welsberg laufen, kein Wunder, dass mich jetzt meine Beine nicht mehr tragen. Aber ich gehe auf die Neunzig zu, habe neun Operationen hinter mir und fünf Jahre russische Gefangenschaft, da kann man nicht mehr alles verlangen. Mein älterer Bruder war in französischer Gefangenschaft und ist 1946 heimgekommen, ich bin erst am 25. Februar 1950 zurückgekommen, aber da waren keine Eltern, die uns in die Arme nahmen. Meine Mutter Rosina war schon mit vierzig an einer Darmverwicklung gestorben, 1922, ein Jahr nach meiner Geburt. Und mein Vater starb 1935 an einer Blutvergiftung, da war ich 14. Er hatte vereiterte Zähne und der Eiter hatte seinen ganzen Körper vergiftet. An so etwas würde heute keiner mehr sterben, aber damals war das anders. Bevor die Mutter starb, hat er ihr versprochen, dass er kein zweites Mal heiraten würde, und das tat er dann auch nicht.

Am Anfang hat sich noch die Großmutter um uns gekümmert, dann eine Schwester meines Vaters, dann hatten wir Wirtschafterinnen hier, immer ältere Frauen. Nur Männer alleine, das würde ja nie gehen. Von meiner Mutter habe ich nur das Sterbebildchen. Eine ganze Lade voller Sterbebildchen habe ich, das ist so, wenn man alt wird.

Von meinem Vater habe ich noch ein schönes Foto, er war ein Kaiserschütze, das war ein bisschen weniger als ein Kaiserjäger. Das Röckl und die Medaille habe ich heute noch, eigens fürs Foto hat er sich als Fünfzigjähriger das Röckl noch einmal angezogen. Ich habe als Zwanzigjähriger auch einen Schnauzer gehabt wie mein Vater. Und das Brautbild meiner Eltern habe ich noch, ansonsten keine Fotos von früher.

Von meinen Eltern war ich das einzige richtige Kind, aber 1919 haben sie den Johann adoptiert, der damals ein Jahr alt war. Meine Eltern hatten 1914 geheiratet und als sich kein Kind einstellte, haben sie um eine Adoption angesucht, da nach Gesetz sonst das Erbe dem Staat zugefallen wäre. Von einem Freund von mir war die richtige Mutter Kellnerin im Vinschgau, und da sie sich nicht um ihn kümmern konnte, hat der Pfarrer von der Kanzel herab verkündet, dass ein vier Wochen altes Kind aufzunehmen sei. Da hat ihn eine Frau hier angenommen und großgezogen und von der Gemeinde auch einen kleinen Zuschuss dafür erhalten. Wie meine Eltern zum Johann kamen, weiß ich nicht. Doch kaum war er da, wurde meine Mutter schwanger. Geboren bin ich am 21. März 1921.

Eigentlich hatten wir eine schöne Kindheit, trotz des frühen Todes der Mutter. In anderen Familien waren ja zehn Kinder und mehr, wir waren nur zu zweit und hatten deshalb immer zu essen und anzuziehen. Ich weiß noch genau, wie wir alle aus einem Topf aßen, jeder hatte seine eigene Gabel, da wusste auch jeder, was Dein war und was Mein, aber aus dem Topf aßen wir gemeinsam

Mein Bruder und ich waren gleichberechtigt, auch beim Erbe, das wollte mein Vater so und ich habe es ihm nicht für übel. Nur Erbschaftssteuer musste mein Bruder mehr zahlen, weil er kein Blutsverwandter war. Mehr oder weniger haben wir zwei uns immer gut verstanden, als wir den Hof gemeinsam führten und auch beim Teilen des Hofes 1950, da habe ich ihn mit Geld und Holz abgefunden. Er hatte damals gar nicht mehr hier gelebt, 1947 hatte er sich mit seiner Frau, auch einer Taistnerin, in Oberitalien ein Höfl gekauft. Sechs Kinder haben sie bekommen. 1956 hat er unten wieder alles aufgegeben und hier ein Gasthaus in Pacht genommen.

Ich kann mich noch gut erinnern, wie wir jeden Abend alle aufgekniet sind da in der Stube. Damals hat man ja früher Feierabend gemacht, spätestens um sechs hat man das Arbeiten gelassen. Dann hat man zu Abend gegessen und Rosenkranz gebetet: Einer neben dem anderen, abwechselnd haben wir vorgebetet, zuerst der Vater, dann auch der Johann und ich. Als der Vater starb, hat das etwas nachgelassen, aber gebetet haben wir jeden Tag. Und danach hat man noch Karten gespielt oder indergaling auch ein wenig umhergelumpt. Gewattet wurde meistens offen, das Blindwatten ist erst später aufgekommen, zumindest hier in Taisten. Beim Blindwatten kann man besser schwindeln, aber wer gern schwindelt, kann es auch beim offenen Watten. Ich hab es nie getan, ich habe mich geärgert, wenn andere geschwindelt haben.

Dafür habe ich gern gerauft, fast jeden Sonntag, aus Zorn. Wenn man streitsüchtig ist, kommt man nach ein paar Worten schnell ins Raufen. Zuerst schubsen, dann eine Watsche und dann geht's auf.

Ich kam selten mit einer blutigen Nase heim, ich habe Glück gehabt. Das war einfach ein Brauch, zu raufen, da haben schon viele gerauft, nicht nur ich, das waren halt so Flausen. Nach dem Krieg habe ich nicht mehr gerauft. Ich war ja fast sechs Jahre weg, da ändert man sich natürlich und wird reifer. Man hat schon viel gelernt fürs Leben, aber es waren doch verlorene Jahre. Ein einziges Mal bekam ich Post, ein einziges Mal in fünf Jahren, von meiner damaligen Freundin. Die hat wohl fünf Jahre auf mich gewartet, aber zur Hochzeit ist es dann doch nicht gekommen. Dann musste ich schnell eine andere heiraten, mehr will ich dazu nicht sagen, „musste" ist auch so ein Ausdruck, aber es war eben so: Als ich vom Krieg zurückkam, war die Schwester meiner Mutter Wirtschafterin am Hof und sagte mir gleich, sie würde es nicht mehr packen. Sonst wäre es wohl gescheiter gewesen, ein bisschen zu warten. Ich war zwar schon dreißig, aber fünf Jahre hinter Stacheldraht sind schon ein Unterschied zum freien Leben, obwohl bei der Arbeitsstelle, wo ich eingeteilt war, auch schöne Frauen waren, von Stalin genauso zur Zwangsarbeit verpflichtet wie wir. Mit denen hab ich dann ein bisschen russisch geredet, was ich am Anfang nicht lernen wollte, mit der Zeit lernte man es aber doch. Aber auch bei den Arbeitsstellen waren wir immer bewacht. Bevor wir gesammelt und abends wieder zum Schlaflager gebracht wurden, wurden wir genau kontrolliert, ob wir nicht ein Stück Holz haben mitgehen lassen, um unsere kalte Baracke zu heizen. Eine Mongolin hat uns jedes Mal gezwungen, die Hosen hinunter zu lassen. Das war zach. Auf der Arbeitsstelle hat es schon auch so geschlechtliche Begegnungen gegeben, aber das war streng verboten.

Nach der Heimkehr habe ich mich ein, zwei Tage ausgeschlafen und erholt, dann habe ich wieder die Arbeit aufgenommen. Im ersten Jahr, zwischen 1950 und 1951, habe ich hundert Waldschichten gemacht, aber das machte mir nichts aus, ich bin ein Waldmensch, kein Jäger, aber ein Waldmensch. Mein zweiter Sohn hat das auch in sich, der ist jetzt Waldaufseher, Holz, Holz, das hat etwas. Mein zweiter Sohn kennt auch die Pilze, ich kenne nur die Pfifferlinge. Das war nicht üblich, sie zu klauben, früher habe ich jeden Pilz mit dem Schuh umgestoßen. Mein Sohn hat es mir dann beigebracht, das Schwammerlnsuchen ist erst von Italien heraufgekommen.

Die Stallarbeit habe ich schon lange meinem ältesten Sohn übergeben, aber Holzarbeiten tu ich heute noch, erst in diesem Winter habe ich wieder 50 Raummeter gespalten, das sind 50 Quadratmeter, ich kann nicht Ruhe geben, das passt mir nicht. Und im Sommer arbeite ich mit der Sense und dem Rechen, das geht auch noch gut. Und im Kartoffelacker arbeite ich auch noch, Korn haben wir keines mehr. Heute spinnen die Jungen alle, die wollen nur Milch, Milch, Milch. Dabei wäre es viel gescheiter, noch selbst ein Korn zu erzeugen, nicht alles kaufen, das Gekaufte ist eh nur ein Glump.

Wir haben das Getreide noch mit der Hand geschnitten, dann ließ man drei Wochen die Getreidemandeln stehen, danach kam es in den Stadel zum Ausarbeiten. Dazu hat man eine Mistpenne, mit der man sonst den Mist führt, gereinigt und umgekippt, da hat man die Garben draufgeschlagen, bis sie sich öffneten und das Getreide heraus fiel. Die leeren Garben hat man „gestrebt", als Strebe verwendet oder verfüttert, früher hat das Vieh viel Stroh essen müssen. In Terenten hat man auch die Dächer damit gedeckt, bei uns nicht, wir haben Bretter und Holzplatten fürs Dach verwendet, noch früher Schindeln.

Das Stroh wurde gebündelt und kam unter Dach, von dort hat man sich geholt, was man brauchte. Für die Körner hatten wir eine Maschine, Windmühle haben wir sie genannt. Da hat man gekurbelt, vorne ist der Stab entfernt worden und hinten kam das schöne Korn heraus. Fürs Schroten von Gerste und Hafer als Viehfutter haben wir die eigene Schrotmühle verwendet, für das feinere Mehl sind wir nach Welsberg oder nach Niederdorf, wo es bessere Mühlen gab.

Meine Frau habe ich von der Schule aus gekannt. Sie hatte auch keine Mutter mehr, aber eine Stiefmutter, weil der Vater nochmals geheiratet hat. So hat es aus der ersten Ehe fünf Töchter und einen Bub gegeben und aus der zweiten noch einmal zwei Buben. Als wir heirateten war ich dreißig, sie war siebenundzwanzig. Im Sommer war sie Köchin beim Schönhuber in Bruneck, aber sie hat auch daheim viel helfen müssen, die hatten eine viel größere Bauernschaft als wir. Einmal musste sie von Bruneck früher heim, weil die Schwester ein Kind bekam. Zwei Wochen nach der Niederkunft musste aber auch die Schwester wieder aufs Feld.

Geheiratet haben wir 1951 in Maria Trens bei Sterzing, da sind wir zu dritt mit dem ersten Zug hingefahren, wir zwei und eine ihrer Schwestern, die hat uns den einen Trauzeugen gemacht und den anderen Trauzeugen machte uns der Mesner dort. Am Abend haben wir hier in der Stube ein bisschen gefeiert.

Den Kasten, den man früher als Mitgift mit in die Ehe genommen hat, hat sie schon einige Tage zuvor gebracht. Da war dann ziemlich viel Bettwäsche drinnen, „Kasten führen" hat das geheißen. „Braut stehlen" war auch so eine Tradition, aber nur, wenn man im Gasthaus feierte, mir ist sie nicht gestohlen worden. Zur Hochzeit habe ich nicht den Sonntagsstaat getragen, sondern das Festtagsgewand und dazu ein Büschel aus Myrten in der Rocktasche. Und sie hatte einen Myrtenkranz am Kopf.

Da ich so schnell nach der Heimkehr heiratete, war es schon fast wie von einer Gefangenschaft in die andere, obwohl ich mit der Meinen nichts zu hakeln hatte. Wenn wir beide es erleben, dann feiern wir 2011 unseren sechzigsten Hochzeitstag. Hochzeitsreise haben wir keine gemacht, auch später nie eine Reise, nur nach Bozen und Meran kam ich, zu Frontkämpfertreffen, da wollte sie nicht mit. Sie war einmal in Steinegg in einer Pension, eine Woche lang mit den Seniorenbäuerinnen, und noch einmal war sie irgendwo eine Woche, ansonsten war sie immer daheim. Das Vieh muss ja fressen und gemolken werden. Und ich hatte einen Stolz früher, wenn mein Vieh sauber war, der Schweif und alles. Inzwischen ist es mir gleich, wenn sie dreckig sind, außer bei einer Ausstellung. Früher hab ich mich auch immer mit dem Vieh unterhalten. Und wenn man mit ihnen gefuhrwerkt, also das Feld bearbeitet hat, da hat man überhaupt viel mit den Kühen geredet. Wenn man ein großes Fuder Heu auflegte und das Wegfahren schwierig war, da hab ich ihnen immer gut zugeredet und gesagt, jetzt musst du fest ziehen: Als wenn die Kuh es verstanden hätte, dann ist sie schneidig gegangen.

Früher hatten die Kühe alle einen Namen, Stocke, Schecke, Schprinze, Flora, heute werden sie schon auch noch einen Namen haben, heute haben sie aber alle diesen Clip im Ohr. Ich war gern beim Vieh, fünf Jahre lang war ich Almaufseher. Nicht Almer oder Senner, sondern Almaufseher, das ist etwas anderes. Da ist man nicht den gesamten Sommer auf der Alm, da muss man nur nachschauen, was der Senner tut.

Geschlafen habe ich mein Lebtag in der Kammer oberhalb der Stube. Heute hätten wir oben auch ein Öfele, aber ich bin es von

Getreideernte in Taisten: Von Tal zu Tal gab es unterschiedliche Methoden, die „Mandlen" aufzustellen.

Bei der Heuarbeit halfen alle zusammen, oft auch Nachbarn und Dorfleute: „Dann ist man zusammengesessen und hat geplaudert."

Kindheit an gewohnt, in der Kälte zu schlafen, also machen wir uns nie ein Feuer. Geheizt hat man früher nur die Stube.

Wir haben zwei Töchter und zwei Söhne bekommen, und gelebt haben wir bescheiden. Halb sechs aufstehen, waschen, niederknien, Morgengebet beten, Brennsuppe und Milch und gesottene Bohnen, Stallarbeit und um neun wieder eine Suppe, weiterarbeiten, um 11 Uhr Mittagessen, wieder arbeiten, und um drei, halb vier zur Marende wieder eine Suppe, meist eine Nudelsuppe, und am Abend meist Milchmus mit Mohn drauf oder Bockshornklee. Und am Sonntag, Dienstag und Donnerstag Knödel, die hatten natürlich eine andere Konsistenz und eine andere Farbe, das Brot dazu hat man ja selbst gebacken, da ist der Knödel noch etwas gewesen. Das Roggenbrot haben wir nur zweimal im Jahr gebacken, die Fladen wurden in den Brotrahmen gelagert, diesen Holzgestellen mit Stäben, wo die einzelnen Brote aufrecht stehen können. Das Weizenbrot für die Knödel haben wir öfters gebacken.

Roggen hatten wir noch vor drei Jahren, aber Weizen, Gerste und Hafer haben wir vor zehn Jahren aufgelassen. Es ist viel Arbeit, bestimmt, trotzdem hat es mir leid getan, aber ich derpacke es ja nicht mehr. Was im Pustertal noch viel angebaut wird, ist der „Türken" als Futtermais. Das wird im Silo alles aufgefräst, diese Kolben sind nicht zum Essen, zum Essen gibt es andere Sorten. Früher haben wir auch Mais gezüchtet, aber dafür sind wir hier in Taisten schon fast zu hoch.

Sonst hat sich auch alles geändert. Ich kann mich noch gut an das erste Auto in Taisten erinnern, das war eine Sensation. Den Autoführerschein habe ich nie gemacht, aber die Fahrerlaubnis für den Traktor. Ich hatte mir einen Einachser zugelegt und nachträglich kam die Bestimmung heraus, dass man einen Traktorfahrschein dafür braucht, wenn man kein Autopatent hat. Einmal im Jahr gab es eine Autosegnung und eine Traktorsegnung, inzwischen gibt es dafür wohl zu viele Fahrzeuge. Der eine Pfarrer macht es trotzdem noch gern, der andere nicht, und der jetzige Pfarrer fährt selbst nicht Auto, also hat er wohl auch kein Interesse dafür.

Den ersten Traktor habe ich um 1965 gekauft, bis dahin haben alles die Kühe gezogen. Das war schon eine Genugtuung, überhaupt im Sommer, weil im Sommer immer so viele Fliegen um die Kühe umherschwirrten, da wurden sie rebellisch. Mit dem heutigen Maschinenpark auf einem Hof ist das nicht zu vergleichen: Da sind der Einachser und der große Traktor, der Transporter, die „Umbroatermaschine", mit der man das Gras umbreitet, die „Zusammenschlagmaschine", damit schlägt man das Heu zusammen, so dass es der Ladewagen aufnehmen kann, dann gibt es noch den Pflug und die „Egate", um die Acker aufzueggen, die Walze, wenn man gesät hat – da gibt es für jede Handlung extra Maschinen, das braucht alles Platz. Früher hatte man einen Leiterwagen und manche hatten einen Mistwagen, aber nicht alle, denn vom Leiterwagen konnte man ja die Leitern herunternehmen, Bretter darauf legen und den Mist aufschöpfen.

Als ich aufgewachsen bin, gab es für die Milch noch keine Zentrifugen, da wurde das Fett noch nicht von der Milch getrennt. Da hatte man die Schüssel, darüber war ein Brett und darüber wieder eine Schüssel und noch eine Schüssel, so hat man die Milch bearbeitet, zuoberst kam der Rahm, den hat man abgenommen und verarbeitet und aus der Milch, die übrig blieb, hat man anderes gemacht. Das war Arbeit, das war wirklich Arbeit damals. Und heute sind die Bäuerinnen so weit, dass sie die Zentrifuge nicht mehr treiben, weil das eine Arbeit sein soll. Es gibt ja auch nicht mehr viele, die Butter machen, wir selbst machen wohl auch nur mehr hie und da Butter, nur mehr selten, die Nachbarin aber macht noch Butter, denn sie hat nur zwei Kühe und tut die Milch nicht liefern. Wir haben acht Kühe.

Die Hennen sind die Passion von meiner Frau. Das lässt sie sich nicht nehmen, genauso wenig wie den Gemüsegarten und das Putzen und Kochen im Haus. Und beim Holz „tscherggen" tut sie, hin- und herklauben. Alles andere, was mit dem Holz zu tun hat, spalten und fein ordentlich aufstellen, das mache ich, sie tut es verbrauchen, den Herd einheizen. Für den Ofen verwenden wir die „Schaben", das sind gebundene Reißer vom Ast, in den Ofen kommt bei uns kein Holz, höchstens einmal ein Scheitel kann man drauf tun, aber wenn in der Schabe ein paar dickere Knitteln dabei sind, also dickere Äste, dann braucht es keine Scheiteln. An die 300, 400 Schaben mache ich im Sommer, die sind auf der hinteren Seite des Hauses alle schön aufgepackt. Wenn ich ziemlich draußen bin, heizen wir nur einmal ein, wenn ich mehr herinnen bin und gesundheitlich nicht in Ordnung, dann heizen wir zweimal. Die Scheiter verwenden wir in der Küche, zuerst entzünden wir ein paar Spanlen und darauf kommen die Holz-Scheiteln. Wir kochen fast alles auf dem Holzofen, manchmal kocht sie auch mit Gas.

Was früher auch ganz anders war als heute, war die Art, wie man miteinander geredet hat, oder worüber man miteinander geredet hat. Man ist mit den Nachbarn zusammengekommen und hat geratscht. Das ist vorbei, die Nachbarschaftshilfe gibt es nicht mehr, heute sagt jeder, das kaufe ich mir selber. Früher hat der eine dem anderen das geliehen und der andere dem einen jenes. Heute sitzt man auch abends nicht mehr beisammen. Da hat jeder noch irgendetwas zu tun. Mein Sohn ist lange im Stall, dann liest er die Zeitung, tagtäglich bis um zehn, dann schaut er die Nachrichten, dann geht er schlafen. Meine Frau geht im Winter um halb acht schlafen und im Sommer um halb neun, und ich schaue mir dann halt meistens alleine einen Film an von acht bis zehn.

Am Tag vor Kirchtag ist man früher zum Nachbarn das Vieh anschauen, da ist man gemeinsam auf die Weide und hat sich jeweils das Vieh des anderen betrachtet. Dann ist man zusammen gesessen und hat geplaudert. Heute hat man nicht nur nicht die Zeit dafür, auch das Interesse hat man nicht mehr. Jeder führt sein eigenes Leben und fertig.

Ich habe mich auch schon ein paar Mal wehren müssen, dass das Grab der Eltern am Friedhof erhalten bleibt. Ich glaube nicht, dass es das früher gegeben hat, dass man sich wehren hat müssen um die Grabstätten der Angehörigen. Jeden Sonntag vor der Messe gehe ich auf den Friedhof, da sind vielleicht sechs, sieben, die ich nicht gekannt habe, sonst kenne ich alle aus meiner Zeit. Seit ich vier bin, kann ich mich an jeden einzelnen erinnern, der erste Tote, an den ich mich erinnern kann, war ein Nachbar.

Früher haben die Verwandten eine Kerze getragen, und beim Hinausgehen haben die Geistlichen gesungen, auch das tut man nicht mehr. Früher ist der Sarg ins Grab gesenkt worden, als die Leute noch da waren, heute gibt man ihn erst ins Loch hinunter, wenn alle weg sind, das finde ich nicht gut. Mehr oder weniger werden bei uns wenigstens noch alle aufgebahrt, auch wenn einer im Krankenhaus stirbt, da wird der Tote daheim in der Stube aufgebahrt und mittags und abends wird gebetet. Aber in größeren Orten und in den Städten ist das auch vorbei.

Ganz früher ist der Mensch, wenn er daheim gestorben ist, erst am Tage vor dem Begräbnis in den Sarg gekommen. Davor ist so ein Gerüst aufgebaut worden und darunter ist er gelegen, ein Tuch war darüber ausgebreitet, und wer wollte, konnte das Tuch auf die Seite schieben und ihn anschauen. Heute wird man von Anfang an im geschlossenen Sarg aufgebahrt, frei aufgebahrt werden nur die Geistlichen und die Kinder, ältere Leute nicht; manchen verzieht es ja das ganze Gesicht, da ist es schon besser, wenn man in der Truhe ist.

Drei Enkelkinder habe ich, einen Enkelsohn und zwei Enkeltöchter, die machen schon den Doktor, eine in Wien und eine in Bologna. Aber der Hoferbe, mein ältester Sohn ist ledig, der ist 56 und hat keine Kinder, der hat nur die Arbeit im Kopf, und die älteste Tochter ist auch ledig, die arbeitet im Krankenhaus in Innichen und hilft uns sehr viel. Die zwei Enkeltöchter sind die Kinder vom Förster, und der Enkelsohn ist von der anderen Tochter, die in Aufhofen verheiratet ist, der ist auch schon über zwanzig, der ist ein fanatischer Bauer. Das wäre mir schon recht, wenn er hierher kommen würde, aber der hat selbst einen großen Hof. Ich denke schon darüber nach, wie es hier einmal weitergehen wird. Ich war immer ein fanatischer Bauer, aber was soll ich machen. Mein Großvater hat einst diesen Hof gekauft und es wäre halt recht, wenn es weitergehen würde.

Ein fanatischer Bauer ist einer, der einfach gern mit dem Vieh ist und die Landwirtschaft betrachtet, der mit der Natur verbunden ist und sie beobachtet: Heute ist dieses Wetter und morgen jenes, und hoffentlich regnet es, wenn alles zu trocken ist, und hoffentlich kommt wieder die Sonne, wenn es zu viel geregnet hat. Das macht einen guten Bauern aus, dass er gerne in der Natur ist und dass er dem Herrgott dankt. Denn der Herrgott schafft es an, denn wenn die Leute schaffen würden, dann gäbe es überhaupt keine Zeit. Man muss sich schon auch die Zeit nehmen, zu schauen, den Himmel zu betrachten und die Felder. Der Glaube fehlt vielen jungen Leuten. Der Wohlstand macht uns hin.

Die große Lärche gefällt, um das Spital zu zahlen

Rudolf Valentin, S. Linêrt de Badia

Rudolf Valentin lebt auf dem Fussè-Hof in S. Linêrt de Badia, St. Leonhard in Abtei. Das Straßenschild, das zum Weiler weist, ist ausschließlich in ladinischer Sprache geschrieben. Von hier würde die Straße weiter zum Wallfahrtsort Oies führen, wo das Geburtshaus des 2003 heilig gesprochenen China-Missionars Josef Freinademetz steht. Abtei gehört zu den fünf vorwiegend ladinischen Gemeinden des Gadertales, erreicht werden kann es ganzjährig über die jüngst ausgebaute Straße vom Pustertal her, sommers auch über das im Winter häufig geschlossene Grödner Joch, dem Übergang zwischen Grödental und Gadertal. Die einst kleine Häusergruppe ist zum Hoteldorf explodiert, aber schon wenige Kurven oberhalb der Kirche zeigt die Landschaft ihre in Jahrhunderten geprägten Züge. Der Fussè-Hof thront wie ein Ansitz über dem Dorf, erbaut wurde er um 1740 von einem Adelsherrn, bei der jüngsten Sanierung kamen alte Fresken zum Vorschein. Im Winter 2010 hat Rudolf Valentin den Hof an seinen Sohn Walter übergeben, eine Tochter, Veronika, ist seit vorigem Jahr im nahen Wengen mit einem Bauern verheiratet, die andere, Zita, arbeitet als Krankenpflegerin im Krankenhaus Bruneck. Rudolf Valentin lebt mit seiner Frau Irma Pitscheider in einer Wohnung auf dem Hof. Er ist am 23. Dezember 1931 auf dem Fussè-Hof geboren, seine Frau stammt ebenfalls von einem Bauernhof in Abtei.

Es ist schon wichtig, dass die Erinnerungen niedergeschrieben werden, denn sie gehen so leicht verloren. Früher war das anders. Da haben Junge und Alte zusammen auf dem Feld gearbeitet, dann hat man Marende gehalten oder Mittag gegessen, und dabei ist erzählt worden. Ein alter Dienstbote hat dies und jenes gewusst von früher, eine alte Tante hat erzählt, dass die da drüben mit denen von dort drüben verwandt sind, und so ist das Wissen von einer Generation auf die andere übergegangen. Seit in den landwirtschaftlichen Betrieben nur mehr wenige Leute arbeiten, ist dieser Faden abgerissen, es wird nicht mehr erzählt bei der Arbeit, und die Jungen hören nicht mehr zu.

Diesen Hof hat mein Großvater 1892 gekauft, 1897 wurde hier mein Vater geboren, der Engel oder – auf Ladinisch – Angel Valentin. Meine Mutter Theresia Irsara stammte auch aus einer Bauernfamilie in Abtei. Sie hat dreizehn Kinder hier auf diesem Hof geboren, damals ist ja niemand zum Gebären ins Spital gegangen: 1930 meine älteste Schwester Veneranda, die nach Meran gezogen ist, dann kam ich, 1933 Bruno, der bei der Seilbahn gearbeitet hat, 1934 Albert, der als Fachlehrer nach Deutschland gegangen ist, 1936 Josef oder Seppl, der nach Bozen ging, 1938 Hugo, der ladinischer Landespolitiker wurde und in Pfalzen lebt, 1939 Mathilde, die nach Bozen geheiratet hat, 1941 Mariaantonia, die nach Gufidaun gezogen ist, 1943 Herta, die in Osttirol lebt, 1945 Thekla und 1947 Ida, die beide in Abtei blieben, 1949 Egon, der Tierarzt wurde, 1951 Lothar, der Jüngste.

Der Vater hatte nicht in den Krieg müssen. Man hatte ihn noch zur Standschützenausbildung für das letzte Aufgebot eingezogen, aber einrücken musste er aus Altersgründen nicht mehr. So haben wir vom Krieg nicht so viel mitbekommen, draußen auf dem Feld ist schon einmal eine Bombe eingeschlagen, aber es ist nichts passiert. Und ein Glück war, dass genau in den Kriegsjahren die Ernte immer gut war, alles, was angesät wurde, ist gewachsen. Da gleicht der Herrgott den Krieg aus, hat die Mutter immer gesagt. So haben wir keinen Hunger gelitten, etwas weniger gut gegessen haben wir vielleicht schon, aber gehungert nie. Die ersten Ernteausfälle wegen Hagelschlag hat es erst wieder 1947 und 1948 gegeben, aber da war der Krieg zum Glück vorbei. Da hat man es leichter verkraftet.

Ich bin im Faschismus aufgewachsen und zur Schule gegangen. Da hat man schon aufpassen müssen, kein falsches Wort zu sagen, sonst hat man gleich eine über die Ohren bekommen. Wir mussten in der Schule das Marschieren lernen. Im ersten Jahr hatten wir noch eine ladinische Lehrerin, aber danach kamen nur noch italienische Lehrer. Zum Glück haben wir uns mit dem Italienischen nicht so schwer getan wie die deutschen Südtiroler draußen im Pustertal, weil das Ladinische durch das Romanische doch ein bissl verwandt mit dem Italienischen ist. Auch waren hier im Sommer immer Hütbuben aus den ladinischen Dörfern im Belluno, aus Col, Fodom, San Tomaso. Die haben fast schon eher italienisch als ladinisch gesprochen, so haben wir von denen auch Italienisch gelernt. Schwerer habe ich mich getan, als 1943 die deutsche Schule gekommen ist. Nach dem Krieg kam die paritätische Schule, im ersten Jahr, 1945 bis 1946, war der Unterricht auf Deutsch und Ladinisch, danach – aber da war ich ausgeschult – zu gleichen Teilen auf Deutsch und Italienisch mit etwas Ladinischunterricht. Das war damals eine hart umkämpfte Entscheidung, es gab zwei ladinische Lehrer, die sich mit den Faschisten zurechtgefunden hatten, die wollten unbedingt, dass die Schulgrenze bei der Montaler Brücke gezogen wird, das ist zwischen St. Lorenzen und Wasserle. Bis dort hätte alles italienisch sein sollen, aber die Eltern in Abtei haben mehrheitlich für den Deutschunterricht gestimmt. So habe ich in meinem letzten Schuljahr auch in der Schule ein bisschen Ladinisch gelernt. Daheim haben wir es immer gesprochen, auch mit den Enkelkindern, die in Abtei sind, reden wir nur ladinisch. Oder wenn ich in Bozen oder Meran einen alten Schulfreund treffe, den ich seit vierzig Jahren nicht gesehen habe, reden wir ladinisch. Das ist einfach unsere Muttersprache. Freilich, mit den Enkelkindern in Meran, Bozen oder Lienz müssen wir deutsch sprechen, sonst verstehen sie uns nicht.

In Abtei gab es damals fast hundertfünfzig Schüler, so dass es fünf Klassen gab. Ich bin mit sieben Jahren eingeschult und hätte nach den fünf Klassen schon mit zwölf Jahren fertig gehabt, aber

Noriker beim Ziehen eines Schlittens: Solange der Kopf herausschaute, kam das Pferd überall durch.

Holzarbeit in Abtei: eine schöne Arbeit, die sich früher noch lohnte. Der Wald war die Reserve der Bauern.

weil die Schulpflicht bis vierzehn ging, haben die Lehrer geschaut, dass sie jedes Kind ein-oder zweimal zurückstellen, damit es nicht die fünfte Klasse dreimal besuchen muss. Ich habe die erste Klasse wiederholen müssen, auch weil ich ein Dezemberkind war, und habe die fünfte Klasse dann zweimal gemacht. Eigentlich hätte ich nur bis zu meinem vierzehnten Geburtstag im Dezember gehen müssen. Aber in den letzten zwei Kriegsjahren hatte ich viel daheim bleiben müssen, um zu helfen, da war kein Knecht und keine Arbeitskraft mehr da, da musste ich auch mit dem Fuhrwerk gehen, im Winter den Mist fahren und das Heu von den Bergwiesen herunter holen, da bin ich oft zwei, drei Wochen überhaupt keinen Tag Schule gegangen, und so hat mich der Vater noch bis Ostern Schule gehen lassen. Wer nie durchgefallen ist, hat die fünfte Klasse wirklich dreimal gemacht, und zwar genau mit demselben Stoff. Da hat man sich dann schon leichter getan.

Wir waren einer der größeren Höfe im Dorf, so vier, fünf Höfe in Abtei haben ungefähr dieselbe Größe mit 25 bis 30 Stück Vieh. Wir hatten zwischen 20 und 25 Stück Vieh und oft bis zu zehn Pferde, ein oder zwei Arbeitspferde und der Rest Jungpferde, weil der Vater mit Pferden gehandelt hat. Ich habe von klein auf geholfen, zuerst neben der Schule, und als die Schule fertig war, bin ich Knecht geworden. Den letzten Knecht haben wir 1947 gehen lassen, da war ich mit sechzehn schon groß genug für die meisten Arbeiten und einige meiner Geschwister konnten auch schon mithelfen. Für manche Arbeiten haben wir noch hie und da Taglöhner angestellt.

Mit achtzehn durfte ich zur Landwirtschaftsschule nach Lienz in Osttirol, das war eine zweijährige Ausbildung. Da habe ich dann wieder meine Erfahrungen mit der Sprache gemacht. Ein Professor hat uns immer im Dialekt geprüft, und ich konnte nur das Hochdeutsche, das ich später in der Schule gelernt hatte, weil unter uns haben wir ja ladinisch gesprochen, nicht im Tiroler Dialekt. Und die Dialekte waren damals auch noch von Tal zu Tal viel verschiedener als heute. Und da hat er mir eine Frage gestellt, auf die ich nicht antworten konnte. Also hat er mich gefragt, ob ich es nicht weiß oder ob ich die Frage nicht verstanden habe. Und ich habe gesagt, ich habe Sie nicht verstanden. Ja, ob ich nicht Südtiroler bin? Ja, habe ich gesagt, Südtiroler schon, aber ladinischer Südtiroler. Da hat er sich entschuldigt und mich als einzigen immer auf Hochdeutsch geprüft.

Ob ich Bauer werden würde, war nicht ganz klar, auch wenn der Vater mich auf diese Schule gehen hat lassen. Ich war zwar der älteste Sohn, aber unter dem Faschismus war 1929 das Gesetz über die Geschlossenen Höfe abgeschafft worden, so dass es eine Zeitlang auch sein hätte können, dass der Hof aufgeteilt wird. Später ist das Gesetz über den Geschlossenen Hof ja wieder eingeführt worden, aber hier in Abtei wurden auch in der Zeit davor kaum Höfe aufgeteilt. Da war einfach die Tradition stärker, dass der Hof „zammbleiben" soll, nur einige wenige Höfe – drei oder vier – sind aufgesplittert worden.

Die Arbeit auf dem Hof hat mir gefallen, aber die Arbeitstage waren lang. Wenn der Acker gebaut wurde oder mit dem Ross Heu oder Mist zu führen war, musste ich um 4 Uhr in der Früh aufstehen, die Pferde füttern. Denn damit das Ross arbeiten kann, muss es zwei Stunden vorher gefressen haben. Mein Vater hätte es nie geduldet, dass ein Ross um 6 Uhr in der Früh noch im Stall hängt, da mussten sie hinaus zur Arbeit.

Dafür waren die Rösser schon eine Erleichterung bei der Arbeit. Auf den Bergwiesen hat man das Heu ja oben gelassen, zum Teil in den Schupfen und, wenn diese voll waren, auf so riesigen Haufen, den Tristen. Da ist das Heu, auch wenn es draufgeregnet hat, nur außen nass geworden. Im Winter hat man es dann holen müssen. Wer kein Ross hatte, musste es mit dem Schlitten herunterziehen, das war eine schwere Arbeit. Zuerst musste man den Schlitten durch den hohen Schnee hinaufziehen, aber auch heimwärts ging es immer wieder einmal bergauf oder eben dahin. Das Ross wurde für die Heufuhren nicht an einen Schlitten gespannt, sondern an die Stangenschleifen. Das waren schlittenartige Gestelle aus zwei Stangen mit ein paar Querbalken. Vorne hatten diese Schleifen Kufen, hinten lagen sie einfach am Boden auf. Der Vorteil war, dass die Ladefläche viel größer war als bei einem Schlitten. Bei den Holzfuhren lagen oft nur die ersten Stämme auf der Schleife auf, die restlichen Stämme wurden angehängt und mitgezogen.

Mit unseren zwei Arbeitspferden haben wir auch Fuhren für andere übernommen, damit sie gut ausgelastet waren.

Unsere Pferde waren die längste Zeit nur Noriker. Die ersten Haflinger hat mein Vater 1942 vom Sarntal nach Abtei gebracht. Die Noriker waren für die Arbeit besonders gut geeignet, das sind einfach kräftige, ausdauernde Gebirgskaltblüter. Und hier im Gadertal gab es eine Nebenlinie der Noriker, die besonders stark war, die hat man die „krautwalschen Rösser" genannt. Sie waren ein bisschen kleiner, aber noch robuster und widerstandsfähiger. So ein ladinisches Ross hat den Schlitten auch noch weiter gezogen, wenn es bis zum Hals im Schnee steckte, oft hat nur noch der Kopf herausgeschaut, so hoch war der Schnee, aber das Ross ist immer weiter gegangen. Diese Pferde waren ein bisschen teurer, aber begehrt, auch im Pustertal. Damals hat es geheißen, wenn ein junger Bauer sich zwei krautwalsche Pferde leisten kann, dann zeigt er schon etwas vor, dann kann er im Dorf zeigen, „ich hab's vermögt", so etwas hat gezählt. Denn das war schon wichtig, dass ein Bauer vor der Dorfgemeinschaft etwas darstellt. Ein gutes Pferd hat ungefähr drei Kühe gekostet. Wer Pferde hatte, war vom Status her höher, wer sich kein Pferd leisten konnte, hatte einen Ochsen, wer sich den Ochsen nicht leistete, musste die Kühe vorspannen oder sich die Zugtiere leihen gegen Geld oder Arbeit.

Das Ross war einfach wichtig, auch von der Arbeit her. Auf den steilen Äckern ist immer die Erde abgerutscht, alle paar Jahre musste man sie wieder hinaufgratteln, das war mit dem Ross viel leichter. Das Postauto und die Postkutsche sind vom Ross gezogen worden. Alle zwei, drei Monate musste man so ein Ross beschlagen, denn im Winter hat es schon scharfe Hufeisen gebraucht, um auf dem Eis nicht auszurutschen. Da sind wir oft nach Stern, da gab es einen alten Schmied, der ein Original war. Er hatte einen Bart, der bis zum Boden ging, aber meist ließ er nur einen Teil bis zur Brust herausschauen, den Rest hat er sich unter den Schurz gesteckt.

Aufgehört hat es mit den Rössern erst, als der Traktor kam. Eine Zeitlang hatten wir noch einen Stallsitzer, so hat man ein Ross genannt, das man nur mehr aus Freude gehalten hat, aber das war mit der Zeit zuviel Arbeit. Da hat das Ross ja nicht mehr Arbeit geleistet, sondern Arbeit verlangt. So ist in den sechziger Jahren auch der Rosshandel eingebrochen. Damals wurden auch immer mehr Straßen asphaltiert, da haben sich die Hufe, die sonst drei Monate gehalten haben, schon auf einer Strecke von 4 Kilometern hin und zurück so abgenutzt, dass man zum Schmied musste. So lange wir noch Rösser hatten, übernahmen wir deshalb keine Fuhren, die über Asphaltwege führten, weil es sich nicht auszahlt, wenn du jeden zweiten Tag zum Schmied musst. So ist das Ross völlig aus der Landwirtschaft verschwunden und erst vor zwanzig Jahren als Freizeitpferd wiedergekehrt. Ich habe aber damit nicht mehr angefangen, Freude hätte ich schon, aber es ist zuviel Arbeit.

Ochsen hatten wir auch, aber fürs Fleisch. Ein Mastochse hat meistens drei Jahre gebraucht, bis er reif war. Durchs Kastrieren wächst der Ochse nämlich langsamer als ein Stier, deshalb ist ein guter Ochse auch teurer als ein Stier, weil er so langsam wächst. Aber dafür wird das Fleisch viel zarter. Ochsen haben wir nie daheim geschlachtet, weil diese Fleischmenge für eine Familie viel zu viel gewesen wäre. Ein Mastochse hat 350 bis 400 Kilo Schlachtgewicht, das hat man dem Metzger verkauft. Daheim geschlachtet hat man nur kleinere Tiere, die man selbst gegessen hat, Facken und Schafe.

Beim Scheren der Schafe gibt es einen Punkt, da steckt bei der heutigen Wolle der Hund drinnen. Früher hat man nämlich vor der Schur die Schafe gewaschen, das Wasser durfte nur lauwarm sein, weil man die Schafe sonst verbrüht hätte. Dadurch ist das Fett in der Wolle geblieben, und die Wolle hat man auch nicht mehr heiß gewaschen. Sie ist so gesponnen worden, wie sie vom Schaf herunter geschert wurde. Dann hat man den Faden zum Weber gebracht, der das Tuch gewebt hat, dann wurde es gewalkt. Da war ich nie dabei, ich weiß aber, dass es richtige Walkmühlen gab, viele haben aber auch nur mit Brettern gewalkt. Zuerst wurde das Tuch in Bottichen mit lauwarmem Wasser aufgeweicht, dann hat man fest drauf geklopft und es so fester und fester gemacht. Das war dann das richtige Tuch, mit dem man zum Schneider ist, um eine Hose oder einen Rock daraus zu machen. Und wenn du ein Gewand aus so einem Tuch anhattest, konntest du den ganzen Tag im Regen stehen, ohne dass du nass geworden bist, weil das Fett noch in der Wolle war. Wenn dagegen die Wolle heiß gewaschen wird, dann ist diese Wirkung weg.

Das ist so ein Wissen, das mit der Zeit verloren geht. Ich kann mich zum Beispiel noch erinnern, wie man Ameisen gesammelt hat, um sie in die Apotheke zu bringen. Da musste man im Wald einen Ameisenhaufen suchen, der wurde flach gemacht, ausgebreitet und mit Brettern ein bisschen abgeriegelt. Dann wurde immer ein kleiner Haufen gebildet und in diesen hat man mit einem Stecken hinein gestochen, um die Ameisen zu „derzürnen", wie man es genannt hat, weil dann sind sie alle nach oben gekrabbelt, alle übereinander und

Ameisensammeln als Nebenerwerb: Kleinbauern und Kleinhäusler nutzten alles, was der Wald hergab – das Pech der Bäume und die Säure der Ameisen.

Mit den Holzbrecheln wurden die holzigen Anteile des Flachses von den Fasern abgetrennt, um diese dann besser weiterverarbeiten und schließlich zu Leinen weben zu können.

man konnte sie abschöpfen. Damit ist man in die Apotheke, wo die Ameisensäure gewonnen wurde für die Medikamente. Das war ein Zuverdienst für Taglöhner, aber auch für Bauern, die es nötig hatten.

Eine Zeitlang ist es dann schon ein bisschen besser gegangen mit der Landwirtschaft, da kamen die Maschinen und alles ist umgestellt worden. Die große Änderung war dann die Umstellung von Mastvieh auf Milchvieh, der Getreideanbau ist natürlich auch zurückgegangen.

Ich habe immer mit meinem Vater gearbeitet, zuerst habe ich ihm geholfen, dann er mir. Er hat noch mit 87 Jahren die steile Bergwiese mit mir gemäht, da ist ein Stück so steil, dass wir auch jetzt noch nicht mit der Mähmaschine hinkommen. In den Jahren danach hat er dann nicht mehr gemäht, da hatten wir dann Angst, dass er die Wiese hinunterstürzt, so steil ist sie. Aber mit hinaufgekommen ist er bis zum 94. Lebensjahr, einem Jahr vor seinem Tod. Auch meine Brüder haben mir immer geholfen, wenn sie da waren, einmal habe ich mit dem Hugo Heu aufgelegt, da kam jemand vorbei und schoss ein Foto, das dann in die Zeitung gekommen ist mit dem Titel „Wo der Landesrat Urlaub macht" – auf der Albe!

Den Hof übernommen habe ich erst spät. Denn der Vater hat geschaut, dass die Buben alle studieren können, damit sie in der Lage sind, sich selbst etwas zu verdienen. Auch bei den Mädchen hat er geschaut, dass sie ein bisschen Schule gehen können. So hat der Hugo Agrarwissenschaften studiert, der Seppl Handelswissenschaften, der Egon Veterinärmedizin, der Albert ist Fachlehrer geworden und der Lothar hat die Handelsoberschule gemacht, das war der Jüngste. Das Studieren hat damals noch viel Geld gekostet, da wollte der Vater den Hof in der Hand behalten. Das letzte Geld hat er 1977 hinausgeschickt.

Da ist vielleicht auch eine persönliche Schwere dabei, obwohl man darüber nicht reden sollte, aber ... Ich war damals Präsident der Höfekommission des Gadertales, dreißig Jahre lange war ich an deren Spitze, von 1961 bis 1971 Stellvertreter, dann bis 1993 Präsident. Und damals gab es in der Höfekommission den Grundsatz, dass wir den Bauernfamilien empfehlen, den Hof möglichst vor der Heirat zu übergeben, nicht erst danach, weil sonst kommt beim Teilen viel leichter ein Gestreite heraus. Das hat bedeutet, ein junger Bauer soll nicht heiraten, bevor er den Hof nicht hat. Wir haben uns eingesetzt, dass die alten Bauern möglichst rechtzeitig übergeben. Bei mir selbst war das lange nicht möglich, aber ich konnte auch schwer gegen den Grundsatz der Höfekommission handeln und einfach heiraten, ohne den Hof überschrieben bekommen zu haben. So habe ich halt gewartet. 1982 hat der Vater überschrieben und noch im selben Jahr habe ich geheiratet. Meine Frau kannte ich schon von Kind auf, aber da sie fünfzehn Jahre jünger war, habe ich sie lange nicht beachtet. Durch meine späte Heirat war es ein Glück, dass sie so viel jünger war. Ich war 51 und sie Mitte 30, wir haben noch drei Kinder bekommen, 1983 den Walter, 1984 die Veronika, 1986 die Zita. Im Jänner 2010 habe ich überschrieben, jetzt ist der Walter der Bauer und ich helfe ihm, so gut ich kann.

Es ist ja nicht leichter geworden in der Landwirtschaft, die Arbeit ist schon leichter durch die Maschinen, aber viele Arbeiten sind geblieben. Und wirtschaftlich ist es so, dass die Spesen gestiegen sind und der Wert der Produkte seit zehn Jahren gleich geblieben oder gar gesunken ist. Die gute Zeit waren die späten sechziger und die siebziger Jahre, aber seitdem ist es nicht mehr aufwärts gegangen.

Früher war auch der Wald etwas wert. Der Wald war die Raiffeisenkasse der Bauern. Wenn man Geld gebraucht hat, um etwas zu bauen, ist man in den Wald, Holz holen, und hat es verkauft. Von der Milch hat man damals fast kein Geld bekommen, davon hat man gelebt, aber das Holz war Geld. Ein Nachbar hat um 1956 ein Haus gebaut. Er hatte schönes Holz, das er um 20.000 Lire pro Kubikmeter verkaufen konnte. Und das waren damals fast zehn Tagschichen des Maurers. Erst jüngst habe ich mit einem Bauer geredet, dem 1942 die alte Oma vom Söller gestürzt war. Sie musste wegen Schenkelbruchs siebzig Tage lang im Spital liegen, ohne Krankenversicherung! Da musste er eine große Lärche hacken, um das Spital zu zahlen, das war eine Lärche mit drei, vier Kubikmetern Holz. Das war die Reserve!

Deshalb sieht man bei Bauernhöfen auch meistens noch ein Stück Wald in der Nähe. Jeder Bauer hat in der Nähe des Hofes ein paar Bäume, einen kleinen Waldstreifen, stehen lassen, für den Notfall. Wenn eine Feuerbrunst den Stadel abbrannte, hatte man das Holz in der Nähe, ohne Zeitverlust und lange Transportwege. Diesen Wald beim Hof hat man nur im Notfall angerührt, denn wenn es nicht dringend war, hat man das Holz lieber von weiter weg genommen. Jetzt ist das Holz ja fast nichts mehr wert, außer für den Eigengebrauch. Wir haben voriges Jahr das Dach neu gedeckt, mit unse-

Altes ladinisches Bauernhaus, der Heimathof von Rudolf Valentins Frau in Abtei/Badia. Vorne der große Stadl, dahinter das kleine Wohngebäude.

Zu Tristen aufgehäuft konnte das Heu bis in den Winter hinein auf der Alm belassen und nach Bedarf geholt werden. Gut sichtbar in der Mitte die Tristenstangen.

rem Lärchenholz. Das sind Lärchenbretter, nicht Schindeln, weil vorher auch schon Bretter oben waren. Die halten jetzt gut siebzig Jahre, Schindeln würden noch länger dauern. Die Schindeln werden nämlich nicht geschnitten, sondern gespalten. Früher hatte man dafür ein eigenes Schindelmesser, den „Schindelkliaber", der war so geschliffen, dass er das Holz nicht zerschnitten, sondern gespalten hat, indem man mit einem Holzschlegel drauf schlug und ihn ins Holz trieb. Auf der Seite hatte das Schindelmesser noch so eine Art Hebel oder Quereisen, da hat man dann das Holz auseinander spalten können, sobald der Kliaber ein Stück weit ins Holz gedrungen war, man musste ihn nicht ganz durchschlagen. So sind die Schindeln ihrer eigenen Faserung gemäß abgesprungen. Die Faserung wurde nicht verletzt und deshalb hat das Holz auch eine viel längere Witterungsbeständigkeit. Und es bleiben die natürlichen Rillen erhalten, durch die das Wasser abrinnt, statt ins Holz einzudringen. Das wird immer noch so gemacht, wenn auch mit einem hydraulischen Holzspalter, da geht es viel schneller, aber das Prinzip ist dasselbe.

Die Holzarbeit habe ich gern gemacht, eine schwere Arbeit, aber schön. Und da hat man auch viel gelernt und ein Auge darauf gekriegt. Bei einem 4 Meter langen Stamm mit 40 Zentimeter Durchmesser wusste man, dass das ein halber Kubik ist, und mit 57 Zentimeter war es ein Kubik. Lärchenholz ist haltbarer und schwerer als Fichte und deshalb auch teurer. Es hat auch weniger Gewichtsverlust, wenn es trocknet. Ein Kubikmeter Lärche wiegt vielleicht 800 Kilo, die Fichte 700, aber im grünen Zustand. Wenn das Holz trocknet, hast du bei der Lärche noch 700 und bei der Fichte nur noch 400 Kilo. Aber außer für den Eigengebrauch kannst du mit dem Holz nichts mehr machen, wenn du jemand anstellen musst, dann zahlst du drauf.

Wir haben eigentlich immer noch gleich viel Kühe wie früher, 20 Kühe, 15 bis 18 Stück Jungvieh. Wir haben unsere eigene Albe und sind Miteigentümer der Gemeinschaftsalmen, wo wir auch unser Vieh auftreiben können. Das ist so eine Größe, von der man leben kann, ohne Nebenerwerb und ohne Tourismus, aber das ist fast schon eine Ausnahme. Wenigstens 20 Stück Vieh muss einer haben, damit er von der Landwirtschaft leben kann, sonst muss er einem Beruf nachgehen, damit er die Familie erhalten kann, da muss man schon ehrlich sein. Wenn ich die Politiker reden höre, dass in Südtirol eine gesunde Politik gemacht worden ist, dass die Bauern alle auf den

Höfen geblieben sind, denke ich mir, dass das so nicht ganz stimmt. Die Bauern sind geblieben, weil sie passioniert sind, sonst müssten viele aufgeben. Aber sie können nicht aufgeben, weil sie so an den Boden gebunden sind. Deshalb gehen sie einem zweiten Beruf nach, um den Stall erhalten zu können. Sie arbeiten, damit sie es sich leisten können, Bauer zu bleiben. Das wird für den Landschaftsschutz und für die Natur gut sein, aber für die Familien ist es oft eine Überbelastung. Denn dann macht er 70 oder 80 Stunden in der Woche, 40 im Beruf und noch einmal so viele am Hof. Das geht, solange einer jung ist, aber ab einem gewissen Alter wird das zu streng, der Körper macht das nicht mehr mit. Solange er die Eltern hat, die wenigstens eine Fütterung übernehmen, dann geht es vielleicht, aber wenn ein junger Bauer alleine da steht mit der Frau, die vielleicht auch noch arbeiten gehen muss, dann wird die Belastung zu groß. Ich rede manchmal mit Unternehmern und Baufirmen. Viele wollen schon gar keinen Bauer mehr anstellen, weil sie sagen, am Montag kommt er müde auf die Arbeit.

    Mein Sohn geht im Winter nebenher zum Lift arbeiten, das geht einigermaßen, solange ich da bin und im Stall etwas tue. Und die Mutter hilft auch mit. Aber wie tut einer, der allein ist? Heutzutage gehen die jungen Leute ja alle auf Urlaub. Und der junge Bauer darf nicht gehen? Mein Sohn war voriges Jahr zwei Wochen in Kanada, das konnte er, weil ich da bin und das Vieh versorgt habe. Und wenn er einmal weg ist, übernehme ich das Füttern und die Arbeit. Aber wo der alte Bauer nicht mehr arbeiten kann, ist es für die jungen Leute nicht so leicht, wenn die Angestellten alle Urlaub fahren und sie nicht. Ich bin nie Urlaub gewesen, höchstens einmal für zwei Tage eine Fahrt nach Wien oder so, aber zwei Wochen weg – nie. Das war einfach so, wir mussten fleißig sein und arbeiten, damit wir den Hof weiterbringen. Aber das ist auch in Ordnung, mir ist nichts abgegangen, ich bin immer gern Bauer gewesen.

Wir müssen nie mehr hungrig vom Tisch aufstehen

Zeno und Stefanie „Fanny" **Weithaler**,
Aschbach | Partschins → Aschbach

Acht Höfe, eine Kirche, noch eine Kirche, kein Geschäft. Das Widum, wo das Schulhaus untergebracht war, zerfällt, die Scheiben sind zerbrochen, noch ist nicht entschieden, was aus dem Gebäude wird. Hier ist Zeno Weithaler als Kind zur Schule gegangen, hierher kam seine Frau Stefanie „Fanny" Fischer als Lehrerin von Partschins herauf. Dem Ältesten vom Thaler-Hof gefiel sie gut von Anfang an. Ihr dagegen war es viel zu einsam im 1.362 Meter hoch gelegenen Weiler Aschbach, zwei Gehstunden über der Töll bei Algund, zwei Gehstunden unterhalb vom Vigiljoch, aber bei schönem Wetter eine Aussicht bis nach Stilfs.

Sie leben in einem Haus oberhalb seines Geburtshofes, erbaut haben sie es Ende der fünfziger Jahre, zum Teil auch mit ihrem Erbteil. Mit den großen Küchenfenstern, dem ausgeklügelten Badezimmer und der hellen Stube scheint es modern für

damals, und doch ist es verhaftet dem Leben, das es zu führen gilt. Der Keller bietet alle Vorrichtungen, um ein autarkes Leben zu ermöglichen: einen Raum für die Vorräte, einen zum Schlachten und Verarbeiten des Fleisches, eine Mühle, eine Waschkuchl, eine Selchkammer, eine Backstube.
Im eigenen Haus sind sie nur mehr geduldete Gäste. Eine anders gemeinte Unterschrift hatte den damals Siebzigjährigen den Hof überschreiben lassen, nicht nur der Herkunftshof, auch die drei Stöcke im eigenen Haus, die für die drei Töchter gedacht waren, gehören der Witwe seines einzigen Sohnes. Mit der Enkelin, die mit ihrer Familie im ausgebauten Dachboden über ihnen wohnt, haben sie keinen Kontakt. Die Milch beziehen sie im Tetrapak von einem Supermarkt aus dem Tal herauf, da sie von den Kühen im einst eigenen Stall keine bekommen. Die drei Töchter werden, wenn die Eltern einmal nicht mehr sind, nie mehr heraufkommen. Hauptsache aber, sie können hier sein, solange es für sie gesundheitlich passt, sagt Tochter Susanne, das Thema wird möglichst nicht berührt. Sie ist eigens aus dem Vinschgau gekommen, weil sich auch Verwandte von Fanny aus Malé im Nonsberg angekündigt haben, Fanny spricht mit ihnen in ausgezeichnetem Italienisch.
Zeno ist 88, seine Frau 92. Zeitig in der Früh steht er auf, bereitet den Kaffee zu, deckt den Tisch und schneidet das Brot in Scheiben, dann hilft er seiner Frau aus dem Bett, wäscht sie und hilft ihr sich anzukleiden, begleitet sie die Holztreppe vom oberen Stock hinunter. Dreimal in der Woche kommt wohl der Hauspflegedienst und regelmäßig kommen auch die zwei Töchter, die in Südtirol verheiratet sind, im Oberen Vinschgau und in Ulten, er aber lässt sich die Pflege seiner Frau nicht nehmen, „sonst kenn ich mich bei ihr nicht mehr aus", lacht er. Die Medikamente gegen Angina Pectoris nehmen ihren Beinen die Kraft, aber trotz Rollstuhls fehlt auch ihr nicht der Humor. Als er in die Speis geht und mit einem Glas eigenem Wildhonig zum Schlecken auftaucht, erzählt sie eine Geschichte, die tatsächlich nicht erfunden sein soll: Einem Bauern, der seinen Honig auf der Kuh nach Haus brachte, sei dieser ausgeronnen und der Kuh auf den Schweif getropft. Die Dirn, die nachher die Kuh melkte, habe den Schweif immer wieder ins Gesicht

bekommen. Der Knecht, der vorbeikam und der Dirn ein Bussl auf die Wange drückte, soll dann im Dorfe erzählt haben, dass bei diesem Bauern die Kühe nicht Milch geben, sondern Honig. Ihr Vater, so erzählt Tochter Susanne, habe sich trotz der Arbeit viel um seine vier Kinder gekümmert, er hat bei Neuschnee das Ross mit einem Baustamm bergauf getrieben, auf dass die Kinder in der Spur rodeln konnten. Er hat die Windeln gewaschen und am Ofen zum Trocknen aufgehängt, da die Mutter unterrichtete und sie das Geld gut brauchen konnten. Und da die Mutter sich abends für den nächsten Schultag vorbereitete, brachte stets er die Kinder ins Bett: Er, der Bauer, sei sich nie zu schön gewesen für die Hausarbeit. Gerührt meint Zeno Weithaler, das habe er von seinem Vater, der auch eine Freude gehabt habe mit seiner Kinderschar. Das habe ihn geprägt und die Tatsache, dass sein Vater starb, als er vierzehn war.

Ich bin der Älteste von zehn Geschwistern, eines davon, der Josef ist mit neun Monaten gestorben, sieben Buben und drei Mädchen in vierzehn Jahren, ich bin 1922 geboren, die Jüngste 1936. Und nur ich und die Jüngste leben noch, alle anderen Geschwister sind schon gestorben, manche auch sehr früh. Als ich den Hof überschrieben bekam, habe ich sie alle ausbezahlt. Einer wurde Schlosser, ein anderer bekam einen Hof von einer Tante am Pircherberg, einer hat in Algund gearbeitet, einer beim Steinbruch. Auch als ich verheiratet war, haben wir immer vom Geld meiner Frau gelebt und das meine gab ich meiner Mutter und den Geschwistern, dass sie eine Zukunft haben. Zeno ist heute vielleicht ein ungewöhnlicher Name, aber damals war er verbreitet in dieser Gegend, Zeno ist ja der Schutzpatron von Naturns.

Ich stamme vom Weggütler-Hof in Partschins, mein Vater ist im November vom Krieg heimgekommen und am 9 Jänner 1919 wurde ich geboren, das war schon eine besondere Freude für ihn. Er war nur einmal während der ganzen Kriegszeit auf Urlaub, im April 1918, und da bin ich wohl entstanden. Ich war die Fünfte von sechs Kindern, mein Vater stammte vom Fletscher-Hof und meine Mutter vom Karneiler-Hof vom Naturnser Sonnenberg, da waren sie zehn Mädchen und ein Junge gewesen. Ich wollte eigentlich Kindergärtnerin werden, aber damals gab es kaum Bedarf und so habe ich nach der Ausbildung als Kindermädchen und Köchin im Passeier und in Marling gearbeitet. Als sie in der Optionszeit dringend Hilfslehrerinnen brauchten, ließ ich mich 1940/41 in Innsbruck ausbilden. Kennen gelernt habe ich den Zeno, als ich als Lehrerin nach Aschbach kam. Zuerst habe ich in Algund unterrichtet und dann in St. Nikolaus und St. Walburg in Ulten, das war wohl so eine Art Strafversetzung, weil ich mich geweigert habe, das Kreuz im Klassenzimmer abzunehmen und das Hitlerkreuz aufzuhängen. Sechzig Kinder hatte ich da in einer Klasse, aus allen fünf Schulstufen. Schließlich kam ich nach Trumsberg hoch über Kastelbell, das ist völlig abgelegen. Als Kind hatte ich dort die Katakombenschule besucht. Vor Jahren hat mich Susanne zum Geburtstag hingeführt und auch nach St. Martin am Kofl. Da sind wir beim Gasthaus zugekehrt, wo mein Mann in seiner Jugend immer wallfahrten war.

Früher sind wir Aschbacher am St. Martinstag, am 11. November, immer wallfahrten gegangen, um drei in der Früh sind wir hier gestartet in der Stockfinsternis, hinunter ins Tal, das Etschtal hinauf bis Plaus, weiter bis Tschars, und von dort dann hinauf nach St. Martin am Kofl. Eine Männerwallfahrt, da waren nie Frauen dabei.

  Die erste Braut hat mir total versagt. Ich hatte schon eine von der Töll, als ich in den Krieg einrücken musste, und als ich heimkam und sie besuchte, sagte sie, ich brauche nicht mehr kommen, sie hat jetzt einen anderen. Da habe ich zwei Jahre lang gedacht, es Weiber, blast mir meinen Buckel, ich mag keine mehr. Bis sie gekommen ist.

Das hatte eine Vorgeschichte. Als ich nach Aschbach kam, hat er gerade einige Tage am Marlingberg bei einem Bauern gearbeitet. Und da kam ihn seine Mutter besuchen und erzählte, dass die neue Lehrerin aus Partschins kommt.

Da hab ich mir gedacht, das ist mir schon recht, die kenne ich nicht. Die Frauen hier in der Gegend habe ich ja alle gekannt. Als ich dann heimkam, hörte ich noch, dass die junge Lehrerin derweil bei uns wohnt, aber ich habe dem keine Bedeutung zugemessen, weil es schon spät abends war und bin schlafen gegangen. Als ich am nächsten Morgen in die Küche kam, mich zu waschen, saß sie da in der Rauchkuchl – eine tiefschwarze Küche hatten wir damals. Sie hatte sich bereits gewaschen in der Schüssel neben dem Herd und saß nun da und aß ihr Frühstück.

Und ich dachte, anstandshalber stehe ich halt auf und grüße, und das hab ich dann auch getan, ich sagte, grüß Gott, ich bin die neue Lehrerin, und setzte mich wieder hin und habe weiter gegessen. Und er hat ohne Weiteres begonnen, sich neben mir abzuwaschen, ich hab dann halt weggeschaut.

Sie hat mir gleich gefallen, aber sie wollte von einem jungen Bauern nichts wissen, sie wollte überhaupt nichts vom Heiraten wissen. Ich hab aber vom ersten Moment an gedacht, die könnte die Meine werden.

Ich hatte einen Bruder, der immer die Mädchen tratzte, und ging davon aus, dass alle Männer so seien, ich sagte zu ihm immer, pass nur auf, dass du überhaupt noch eine bekommst und er sagte immer, ich bekomme alle. Da hat er mit einem Freund gewettet, wer eine ganz Bestimmte bekommen würde, und die hat dann tatsächlich er bekommen, eine ganz charmante, schneidige Plarscherin, die hat ihn dann endlich her gehabt.

    Nein, ich wollte wirklich nicht heiraten, ich war ja nicht umsonst schon 31 beim Heiraten. Und ich wollte so schnell als möglich wieder weg von Aschbach. Ich habe immer gesagt: Bevor ich hier bleibe, rinnt die Etsch aufwärts. Höchstens ein Jahr wollte ich hier sein – und jetzt bin ich über sechzig Jahre hier, seit 1947.

Und dabei mochten sie sie alle gern und kaum einer hat einmal geschwänzt. Sie hat den Kindern Schultaschen genäht, weil sie keine besaßen, hat ihnen die Haare geschnitten, nicht kahl geschoren, wie das damals war, sondern einen richtig netten Haarschnitt verpasst. Sie hat ihnen das Grüßen beigebracht und sie auch die Noten lesen gelehrt. Dass sie hier blieb, war eigentlich ein Zufall.

Ich hatte ja bei meiner Schwester in Partschins eine kleine Wohnung und habe jede freie Minute unten verbracht, auch die Ferien, weil meine Eltern ja auch schon alt waren.

Der Zufall wollte es, dass ich im August 1948 in Algund zu tun hatte und auf dem Weg nach Hause einen Kollegen traf, mit dem ich im Gasthaus Edelweiß auf der Töll einkehrte. Und just an diesem Tage ist sie vorbei geradelt, und war richtig froh mich zu sehen, um mit jemandem über ihre Zukunftspläne zu sprechen. Sie wollte den Schuldienst verlassen und einen Sozialberuf ergreifen, oder ins Kloster gehen. Da hab ich einfach zu ihr das gesagt, was ich schon die ganze Zeit sagen wollte: Bleib halt da. Und sie sagte ja.

Am 3. August 1950 haben wir geheiratet, mitten im Sommer, da hat der Schwager zu mir gesagt, das kann er wirklich nicht verstehen. Im Winter bei der Kälte schlüpfen zwei eher zusammen, aber im Sommer bei der ärgsten Hitze. So mitten im Sommer, auch noch beim Kornschnitt, da haben sich schon alle sehr gewundert.

Wir haben uns beide die Katzenmusik erspart, damals war es ja üblich, drei Wochen vor der Hochzeit mitten in der Nacht zu kommen und Braut und Bräutigam – jeweils auf ihrem Heimathof – mit Kuhschellen, Trommeln, Pfeifen, Tierhörnern, Ratschen, Topfdeckel zu wecken. Sie mussten dann aufstehen und den Musikanten etwas aufschenken und zum Essen servieren bis in die frühen Morgenstunden oder bis sie freiwillig gingen, immer in der Nacht, bevor es offiziell wurde, bevor der Pfarrer von der Kanzel herab den Ehewunsch verkündete. Das war ein richtiger Spaß von einer anstehende Hochzeit schon im Voraus zu erfahren, das war wie ein Wettrennen, wer es denn als Erster erfragte, weil es halt auch eine Gelegenheit war, sich den Bauch richtig vollzuschlagen. Deswegen sind Brautpaare oft getrennt ins Widum gegangen, ihre Vermählung mit dem Pfarrer besprechen, um sich das zu ersparen. Der Gemeindediener von Algund war ein Freund von mir und hat die Nachricht spät am Samstagabend aufgehängt und am Sonntag hat es der Pfarrer verkündigt, so dass niemand sie vorher lesen konnte.

Die Katzenmusik wird hier immer noch gemacht, auch andere Bräuche haben sich erhalten wie das Neujahrssingen. Da ziehen die jungen Aschbacher, aber auch ältere Leute und Kinder von Hof zu Hof, und bei jedem Hof schließt sich jemand an, zum Schluss sind es an die 25. Es wird Ziehharmonika gespielt und das Neujahrslied gesungen, man bekommt Kekse und ein Schnapsl oder einen Saft, dann zieht man weiter.

Die kleine Fanny Weithaler (ganz vorne) mit ihren Geschwistern und Eltern auf ihrem Geburtshof in Partschins 1921.

Vor dem Bau der Materialseilbahn 1954 musste man vom Tal über zwei Stunden zu Fuß nach Aschbach hinaufgehen.

„Liebe Brüder, wir heut kommen mit dem Lob der Engelschar, wünschen euch in Gottesnamen ein glückseliges Neues Jahr ...", das hat viele Strophen, wir haben es einmal in der Schule miteinander aufgeschrieben, aber ich glaube nicht, dass man den Text in einem Liedbuch findet. Das singt man meist vor der verschlossenen Haustür und erst wenn man geendet hat, wird die Tür aufgemacht. Wenn es eiskalt ist, singt man es im Gang vor der Stubentür und erst am Schluss wird diese geöffnet.

Wir hatten manchmal die ganze Stube voll und die Küche dazu, da gab es keinen einzigen Sitzplatz mehr. Da haben wir auch getanzt, das war immer wunderschön. Auch in meiner Jugend haben wir viel musiziert und getanzt, wir haben alle ein Instrumente gespielt, ich habe auch Ziehharmonika gespielt früher, und jeden Sonntag hat man bei uns getanzt, wir waren immer eine sehr lustige Gesellschaft. Wir haben auch als Geschwister immer zusammen gehalten, da der Vater so früh starb.

Eine Bergbauerngesellschaft eben, da gab es kein Radio, keinen Fernseher, keine Unterhaltung von außen, kein Telefon, so haben wir uns eben getroffen und zusammengefunden, wir waren ja praktisch in der Wildnis hier. Und irgendwie hat sich auch jeder für den anderen eingesetzt. Mein Mann war ja ewig der Mesner hier, das hieß, sich um die Kirche kümmern und dem Pfarrer beim Anziehen helfen, aber es war auch seine Aufgabe, bei drohendem Unwetter schnell zur Kirche zu laufen, die Wetterglocken zu läuten.

Meine Mutter wurde 1896 geboren, just in jener Zeit, als die neue Kirche gebaut wurde. Als der Maler um 1900 die Fresken fertig stellte, hat ihm das damals vierjährige Madele so gut gefallen, dass sie ihm als Modell diente: Wenn man bei der Kirchentür hinausgeht, ist sie bei der Station oben zu sehen.

    Wir haben keinen Friedhof, die Aschbacher werden in Algund begraben. Da hat zuerst der Zimmerer den Sarg mit dem Ross herauf gebracht. Mit dem Leichnam wieder hinunter trugen ihn die „Trager", zweieinhalb Stunden war der Zug unterwegs, von oben bis unten haben wir gebetet, und die Bauern auf Halbweg haben gewartet und sich angeschlossen und die Besitzerin der Kapelle weiter unten hat immer geläutet, wenn wir vorbeigingen. Und nach dem Begräbnis ging es den ganzen langen Weg wieder herauf. Wenn es sehr eisig war, hat man den Sarg auch auf dem Schlitten ins Tal gezogen, aber anders als bei noch abgelegeneren Berghöfen, wo die Toten den Winter über im Schnee eingefroren und erst im Frühjahr beerdigt wurden, hat man hier die Begräbnisse immer gleich gemacht. Bis der Sarg gekommen ist, wurde man aufgebahrt, mit offenen Augen oder mit geschlossenen, wie man eben starb. Und solange die Leiche da war – meist drei Tage – wurde jeden Abend Rosenkranz gebetet. Beim Pfarrer ist auch noch eine Ehrenwache abgehalten worden, bei normalen Menschen nicht. Rosenkranz haben wir aber ohnehin jeden Abend gebetet, auch als der Vater schon tot war, haben wir jeden Abend gebetet, vielleicht nicht den ganzen, aber ein paar Gsatzeln täglich. Auch vor und nach jedem Essen haben wir gebetet, das tun wir noch immer. Ich kann mich nicht erinnern, dass auch nur ein einziges Mal eines von uns Kindern sich davor gedrückt hätte und schnell auf die Toilette geeilt wäre oder sonst etwas erfunden hätte, um dem Rosenkranz zu entgehen.

Man war einfach streng erzogen und man hat gefolgt. Da wurde während des Essens auch kein einziges Wort gesprochen, da herrschte absolute Stille. Bei uns hat jeder seinen eigenen Teller gehabt, wir haben nie gemeinsam aus einem Topf gegessen. Und jeder hatte sein Besteck: Da war in der Stube ein Band auf die Wand genagelt und da hatte jeder seine Schlaufe, in die er seine Gabel, sein Messer und seinen Löffel hinein steckte. Nach dem Krieg hat das aufgehört, seit damals haben wir das Besteck in einer Lade, und es wird dann immer gewaschen, damals hat man es nur in der Tischdecke abgeputzt.

Bis nach dem Zweiten Weltkrieg war es auch so, dass jedes zweite Jahr die Kapuziner aus Meran ihr Holz bekamen aus dem sogenannten „Lotterwald". Da haben die Bauern aus Aschbach ihnen im Herbst zwischen drei und fünf Fuhren Holz hinunter geführt und geschenkt. Das war so Brauch, genauso wie das Dreikönigsräuchern: Am 5. hat man das Haus und den Hof ausgeräuchert, da hat man den Rauchkelch ins Schürloch hinein gehalten und auch in jeden Winkel der Speis, am 6. Jänner ist man die Wiesen und Felder ausspritzen gegangen. Den Weihrauch haben wir uns auch selbst zubereitet, aus Ameisenpech. Das sind so Körnchen aus Harz, mit denen die Ameisen im Herbst die Eingänge zu ihrem Haufen gegen Wind und

Schnee verschließen. Die hat man gesammelt und in die Kirche zum Weihen gebracht und ist damit dann den Hof ausräuchern gegangen. Weihrauch ist ja auch nichts anderes als Pech.

Wir hatten einmal einen Gast mit argem Hüftleiden, der hat sich nur mit so engen Unterhosen an in die Ameisenhäufen gelegt, damit ihn die Viecher beißen oder sie ihre Ameisensäure versprühen. Und das hat ihm wirklich geholfen. Das war früher eine ganz beliebte und bewährte Medizin bei Rheuma und Arthritis.

Im August haben wir die Kräuterbuschen weihen lassen. Wenn schlechtes Wetter kam, haben wir davon ein Sträußchen abgebrochen und im Ofen eingeschürt. Andernorts hat man dazu die Donnerkugeln verwendet, wir haben einen Teil des Buschens ins Feuer geworfen. Der Kräuterbuschen wurde auf besondere Weise gewickelt, indem die Kräuter säuberlich nebeneinander auf den Tisch gelegt und vorsichtig zusammengerollt wurden, die Enden hat man mit einem Beil gerade abgehackt, so dass der Buschen von alleine stehen konnte. Den ganzen Tag vor der Kräuterweihe war man unterwegs, Kräuter sammeln: Beifuß, Minze, Farn, Wermut, Vogelbeer, Kamille, Ringelblume, Königskerze, Lavendel, das kam alles in den Kräuterbuschen. Das waren früher dicke Buschen, mit der Zeit wurden sie immer schmäler.

Herzjesufeiern hatten wir hier weniger, wir sind ja ein Bergvolk, aber bei den Prozessionen sind immer alle mitgegangen, und die Frauen haben sich sehr stark gemacht, immer in Tracht zu gehen, nachdem das in der Faschistenzeit verboten wurde. Hier macht man immer eine große Runde, über die ganzen Wiesen vorbei bei der Kapelle Maria im Schnee. Da gibt es auch Schalensteine aus vorchristlicher Zeit.

Zeno hat immer gerne Theater gespielt. Als ich unterrichtete, kam er mit Bischofshut und Bischofsstab und langem weißem Bart als Nikolaus in die Schule und las den Kindern aus einem großen goldenen Buch vor.

Die ältesten Höfe hier sind um die 450 Jahre alt, meine Familie ist seit 300 Jahren in Aschbach nachweisbar. Diesen Hof hier, den Thaler-Hof, hat der Großvater väterlicherseits dazugekauft, zum Hof dazu, den die Großmutter mit in die Ehe brachte. Zwischen meinem Vater und seinem Bruder wurden die zwei Höfe dann wieder aufgeteilt. Zum Hof gehörte früher immer ein Hüttl, in dem das Dienstpersonal wohnte, solange wir eines hatten: Da haben dann auch wir die erste Zeit nach der Hochzeit gewohnt, bevor wir ins Schulhaus zogen und 1960 dann ins neue Haus. Im Haus meiner Eltern wohnt jetzt die Witwe unseres Sohnes.

Wir haben vier Kinder, zuerst kam der Hans, dann kamen Steffi, Bernadette und Susanne. Der Sohn ist viel zu früh verunglückt, er war gerade vierzig. Er arbeitete als Koch und da das Hotel im November zu war, hat er gesagt, komm, gehen wir in den Wald Holzarbeiten. Den ersten Baum habe ich umgeschnitten, der ist dann auf einer Lärche hängen geblieben. Da hat mein Sohn gesagt, die schneide jetzt ich um, weil ich bin schneller beim Wegrennen als du. Der fallende Baum riss den 70 Zentimeter dicken Ast eines anderen Baumes mit, der flog durch die Luft und traf meinen Sohn direkt am Kopf. Ich bin hin zu ihm und dachte, jetzt gehe ich als erstes einmal das Blut abwischen aus seinem Gesicht und habe dann gesehen, dass ihm das Hirn heraushing. Ich hab ihn hochgetragen und die Rettung verständigt, aber es war nichts mehr zu tun, er war auf der Stelle tot gewesen. Ich hätte da gern mein Leben für das seine gegeben oder mit ihm getauscht. Selbst bin ich einmal 50 Meter mit dem Traktor abgestürzt und überrollt worden und hab am Abend schon wieder im Stall gearbeitet.

Ich hab das meine schon hinter mir. Der zweitälteste Bruder ist im Krieg gefallen. Und bei meinem Vater war es ähnlich wie bei meinem Sohn: Das war auch im November, ich war vierzehn und gerade ausgeschult und mein Vater sagte, ich soll mit ihm in den Wald gehen, Holz holen, so sind wir mit dem Schlitten in den Wald gegangen, legten Holz auf, aber der Wagen kippte um, da der Weg steil war, und während wir gemeinsam versucht haben, den Schlitten wieder aufzustellen, brach der Schlitten zusammen und meinem Vater ein paar Wirbel. Am 27. Mai 1937 ist er dann gestorben, fünf Monate, nachdem meine jüngste Schwester geboren wurde.

Ich habe immer alles angenommen, was mir der Herrgott schickte, so habe ich mit vierzehn die Verantwortung übernommen, das war schon eine Aufgabe, die Arbeit im Stall und am Acker, drei Hektar Wald, vier Hektar Wiese mit der Hand zu mähen und zu schütteln und einzubringen, die Strebe „kralen" im Winter, dass die Kühe nicht im Dreck schlafen mussten, sondern auf Lärchennadeln, die zugleich ein guter Mist waren.

Es war mir immer wichtig, unabhängig leben zu können, deshalb haben wir auch das neue Haus mit allem eingerichtet, was es für ein autarkes Leben braucht. Würste haben wir nur aus dem Blut der Schweine gemacht, das Blut der Kühe haben wir getrocknet und an die Schweine und Hühner verfüttert. Das übrige Fleisch haben wir in Eimern in einen Wassergraben hier in der Nähe gestellt, der sieben Meter in die Erde hineinreicht, das hielt sich da monatelang, das war vor den Zeiten der Tiefkühltruhen. Strom haben wir erst seit 1959, wir haben da mit anderen Höfen zusammen ein eigenes Werk gebaut, das gehört immer noch uns Aschbachern. Ein bisschen Strom zahlen wir schon, aber bedeutend weniger und wir zahlen es in unsere eigene Kasse, für den Fall, dass etwas zu reparieren ist. Das Wasser haben wir von unterhalb der Naturnser Alm bis hierher verlegt, dieses Wasser würde ich mit keinem anderen auf der Welt tauschen. Für das Überwasser haben wir ein zweites Reservoir gebaut, das kann zum Beregnen hergenommen werden.

Wir haben früher meistens so viel Brot gebacken, dass wir für zwei Monate genug hatten. Dass es hart wurde, machte nichts aus. Für die alten Leute hat man es „gebahnt", auf dem Herd gewärmt und dann in etwas Milch gelegt, dann war es wie frisch. Sauerteig haben wir nie verwendet, nur Germ. Gebacken wurde meist die ganze Nacht durch, da konnten die Kinder am nächsten Morgen ein warmes Brot in die Schule mitnehmen.

Wenn die Felder nass sind, zerrinnt der Teig mehr, wenn man trockene Felder hat, so wie wir hier, geht er besser auf. Wenn wir das Brot zum letzten Mal aufgehen ließen, haben wir immer Mehl darüber gestreut und ein Kreuzzeichen gemacht. Auch beim Säen am Feld habe ich zuallerletzt, wenn alles geeggt und gewälzt war, ein Kreuzzeichen gemacht.

Der Mond hat auch etwas zu sagen beim Brotbacken. Roggenbrot bleibt flach, wenn man es bei falschem Mond bäckt.

Bevor wir die eigene Mühle hatten, mussten wir zur allgemeinen Mühle der Aschbacher. Während des Krieges mussten wir dafür jedes

Mal eine Genehmigung in Algund holen, dann kam einer der auf- und zusperrte und dem wir eine Kleinigkeit zu bezahlen hatten.

Nach Algund hinunter bin ich sehr oft, anderen Bauern helfen oder aber zum „Weinzamen", um etwas Geld zu verdienen. Das Wort kommt vom Zaumzeug. Da bin ich um sechs in der Früh hinunter nach Algund, habe dem Ross links und rechts ein Fassl aufgebunden, so ein längliches Panzele, das ich mit Wein füllen ließ. Den habe ich dann heroben verkauft.

Wir hatten auch immer Bienen und Honig, einen ausnehmend guten. Und Gerstenkaffee und sogar Seife haben wir früher selbst gemacht. Wir waren die ersten hier, die mit dem Milchliefern begonnen haben, wir haben auch Butter verkauft und Käse. Und wir waren die ersten hier, die Touristen beherbergten. Schon Mitte der fünfziger Jahre, als wir im Widum wohnten, kam oft ein Geistlicher aus Berlin mit Jugendgruppen und so haben wir mit den Gästen begonnen, zu Zeiten, als es hier noch keinen Fremdenverkehr gab. Und im neuen Haus nahmen wird regelmäßig Feriengäste in Pension. Da habe ich mit dem Unterrichten aufgehört, um mehr Zeit für meine Kinder zu haben. Steffi war die Erste in Aschbach mit Matura und Susi die Erste mit Universitätsabschluss. Die Kinder mussten halt zu Fuß nach Algund, wenn die Materialseilbahn nicht ging, weil zu viel Schnee war. Ab 1970 fuhr dann die Gondel. Und seit 1980 gibt es die Straße. Und seit 2003 habe ich ein Handy.

Die Arbeit hörte früher nie auf, wir hatten aber auch Zeit für Neckereien. Noch vor dem Heiraten wohnten neben mir im Zimmer einmal drei junge Mädchen als Feriengäste. Die haben mir untertags Brennnesseln und Disteln unters Leintuch getan und ich habe das schon geahnt und jede Nacht mein Bett untersucht, bevor ich mich schlafen legte, habe aber nie etwas gesagt und mir nur gedacht, euch werde ich schon helfen. Als sie einmal vergaßen, das Zimmer zuzusperren, bin ich in den Stall hinunter und hab vom Pferd den Striegel genommen und in ihrem Bett verstreut: Die haben sich dann anders gekratzt in der Nacht vom Pferdestaub.

Heute haben wir natürlich kaum mehr Arbeit, Fanny sitzt viel vor dem Haus und liest die Zeitung, ich habe meine Bienen, zum Glück. Wir bekommen viel Besuch, unsere Töchter holen uns ab und fahren mit uns einkaufen. Wir müssen nie mehr hungrig vom Tisch aufstehen, das ist anders als früher. Wenn man am Ende des Lebens die Zufriedenheit findet, so hat man im Leben das höchste Glück erreicht. Und wir zwei sind zufrieden.

Glossar

abreden: absprechen; in anderem Zusammenhang auch im Wahn reden
Albe: Alm, Alpe
akrat: akkurat, gerade jetzt, ausgerechnet jetzt (passiert etwas, kommt jemand, tut jemand etwas)
aufgarben: Garben sind Bündel aus Getreidehalmen, einschließlich der sich am oberen Ende befindenden Ähren, aufgarben ist das Bündeln und Binden der Halme zu Garben
auer: herauf
ausgrasen: fremdgehen, betrügen
Barras: Militär, Heer, Wehrdienst (Soldatensprache), seit dem zweiten Weltkriegen Synonym für Wehrmacht
Basl: Base, Tante
Bauernbreatl: Bauerbrot
beinander liegen: nebeneinander liegen, schlafen
beinand sein / gut beinand sein: Gesundheitszustand / gesund und rüstig sein
Biabl: Bub
blecket / das bleckete Nichts: blank, nackt / das nackte Nichts
brecheln / Brecheln: Vorgang und Gerät für die Verarbeitung von Flachs zu Leinen
Bui / Bua: Bub
Bundel / Bundl / Milchbundel: Gefäß, je nach Art auch auf dem Rücken zu tragen
Dampfl: Vorteig aus Germ und Wasser, der vor dem Brotbacken über Nacht ruhen muss
derleben: erleben, hier: ein Auskommen haben
derleiden: ertragen oder erbarmen; hier: das Vieh hat ihm leid getan, ihn gedauert
derpacken: etwas schaffen, bewältigen; hier: es nicht geschafft (nicht derpackt)
derwischen: erwischen, hier: antreffen
derzürnen: ärgern, aufstacheln, erzürnen
Eget: Egge, Gerät zum Zerkleinern von Erdschollen sowie zur Lockerung und Krümelung der oberen Bodenschicht nach dem

Pflügen oder auch des ausgebrachten Mistes; bei der Breitsaat dient die Egge zur Einarbeitung des Saatgutes.

Eismander: Die „Eisheiligen" sind drei aufeinanderfolgende Kalendertage im Mai, die den Heiligen Pankratius (12. Mai), Servatius (13. Mai) und Bonifatius (14. Mai) geweiht sind und an denen nach alter Bauernweisheit Kälteeinbrüche zu befürchten sind.

epper: vielleicht

Erdäpfel: Kartoffel

Erdäpfelpecken: Das Jäten und Aushacken rund um die Kartoffelpflanzen

Es: Respektvolle Anrede in der dritten Person für Eltern, Großeltern

Extranes: etwas Besonderes

Fack, Facken / Fackl, Fackele: Schwein (Einzahl / Mehrzahl.), Ferkel

Fastenknödel: Knödel ohne Wurst, Speck oder Käse, nur mit Brot, Semmelknödel

fatschen / einfatschen / Fatschen: wickeln, verbinden, Wickelstoff, auch Verbandszeug

Feigelakaffee / Feigela: Feigenkaffee, Ersatzkaffee aus gerösteten Feigen, auch als Kaffeezusatz verwendet

Fisolen: Bohnen

Firschta: Hüftschürze

Gabelen: Gabeln, hier kleine Heugabeln

gar: meist bekräftigendes Beiwort – man hatte/wusste „gar" nichts; wenn der Fack "gar" war: der Vorrat an Schweinefleisch „aufgebraucht"; der Ehering war „gar": abgenutzt

Getreidemandeln / Mandln: Bündel von geschnittenem Getreide, die auf Feldern aufgestellt werden und nach Schobern gruppiert und gezählt werden

Gewisse / das Gewisse beten: für bestimmte Anlässe vorgeschriebenes oder zur Buße auferlegtes Gebet

Gitsche: Mädchen, junges Mädchen

Glanen / Glan (auch Grantn): Preiselbeeren – *„in die Glan gehen":* Preiselbeeren pflücken

Glump: Plunder, nichts wert

Goden: gesponnenes Leinen

Goggele: Ei
Gotl / Godl: Taufpatin
Gromet: Auch Grummet, Heuernte, und zwar der 2. Schnitt nach der Heumahd im Frühsommer
Gruipen: Grammelschmalz wird meist aus dem Rückenspeck von Schweinen hergestellt und enthält noch die Reste der ausgebratenen Speckteile aus Bindegewebe, eben die Gruipen, „Grieben" oder „Grammeln"
Gsatzel / Gsatzl: Verkleinerungsform für Satz, meistens (und auch hier) für kurzes Gebet, sonst auch für „ein Gsatzl rearen" (weinen)
Gspuale: Abspülwasser mit Speiseresten, an Schweine verfüttert
Guglhupf: Kuchen aus Germteig, neuerdings auch ohne Hefe als Rührteig in der typischen Guglhupfform. In Deutschland auch als Napfkuchen bezeichnet wird er in einer hohen Kranzform mit einer kaminartigen Öffnung in der Mitte gebacken.
Halbmittag: Jause am Vormittag
Hantierer: Handwerker
Hasenöhrln: Tirtlan (siehe unten) ohne Füllung, knusprige Fladen, werden mit Kraut oder Apfelmus gegessen
hinaufgratteln: von Grattl, Schubgrattl (Karre, Schubkarren), hier hinaufführen, hinaufkarren
Hirschhornreggele / Reggel / Reggl oder *Räggel:* Pfeife, in diesem Fall aus Hirschhorn
Hoamat, das: der Heimathof; die Hoamat ist die Heimat
hoanzeln: hier trocknen (im übertragenen Sinn auch jemanden verspotten)
Hochunserfrauentag: Maria Himmelfahrt, hoher kirchlicher Festtag am 15. August
hucken: sitzen
Huder: hier Tuch, oft auch für billiges, schäbiges Gewand
auf Loahn gehen: auf Lohn gehen, eine Arbeitsstelle außerhalb des Hofes suchen
indergaling: irgendwann einmal, später einmal, oft auch für endlich
Jangger: Jacke, Sarner Jacke, Janker
Kalbele: Kalb, das aufgezogen wird
Kalbin: trächtige Kuh
Kandel / Kandl / Kandele: Behälter, Kanne, meist aus Blech, meist zum Milchholen

Kappel: Kappe, Mütze
Karpf: Carabinieri, italienische Polizei
kimm auer: komm herauf
kindsen: auf Kinder aufpassen, Babysitten
Kittel: Frauenrock
kluege: fein
Kobis: kopfbildende Kohlart, meist Weißkohl, auch Krautkopf
Kopfkraxn: Kraxen sind Tragegestelle, meist auf den Rücken zu binden; die Kopfkraxe stützte man zusätzlich auf dem Kopf ab
Korbe: Korb
Köschtn: Kastanien
kralen: kratzen, wühlen, hier: mit dem Rechen umdrehen, verteilen
Krapflan: gebackene Krapfen
Kraut: Auch Sauerkraut, wird durch die Vergärung von fein gehackten Weißkohlblättern oder Wasserrüben gewonnen
krautwalsch, die Krautwalschen: hier Ladiner, oft auch abschätzig für fast italianisierte Südtiroler in mehrsprachigen Gebieten
Kuchl / Kuchltür: Küche / Küchentür
Kule: Mulde in einem Polster, die durch Eindrücken entsteht
Lacke: Lache, Pfütze, kleiner Teich, kleiner See
Langes: Frühling
Lotter: Bettler, Gesindel
lugg: locker, schlampig, hier: verfallen
lugg lassen / nicht lugg lassen: los lassen / nicht aufgeben
Madl: Mädchen, auch für größere Tochter und für Dienstmädchen
Madele: kleines Mädchen
Mahder: Mäher
Mahlele: Mahl, Festmahl, gebräuchlich für Hochzeiten
mähnen: Einen Ochsen oder eine Kuh beim Ziehen des Pflug oder des Fuhrwerk führen
Mander: Männer
Mandl / Wirtsmandl: Männchen, kleiner Mann / Wirtsmännchen
Mandlen / Getreidemandlen: Bündel von geschnittenem Getreide, die auf Feldern aufgestellt
Marenden / Marende: Jause am Nachmittag
Morget: Morgen, am Morgen, in der Früh
Much / Michala: Michael

Nadl: Großmutter
Nanna: Abkürzung für Frauennamen, meist Marianne, seltener für Anna oder auch Johanna
Nen: Großvater
Niggilan / Nigelen: Pustertaler Spezialität, Schmalzgebäck aus Germteig, können mit Kompott oder zur Milch gegessen oder auch mit Mohn bestrichen werden
Ofl: Eiter
Panzele: kleines Fass
Penne / Mistpenne: riesiger robuster, wannenförmiger Korb auf fahrbarem Untersatz für den Transport von Mist
Pergel / Pergl: Weinlaube, Pergola, Rebanlage
Pescht: Seidenschleife mit Masche
Pfiat Gott / Pfiatenk: Behüt euch/dich Gott, Abschiedsgruß
Pfinstig: Donnerstag
Pfoat / Pfoate: Hemd
Pinz: Wasserbehälter, auf dem Rücken zu tragen
Plent / Plenten / Polenta: Gericht aus gemahlenem Mais
Plätschen: große Blätter (oft auch Plötschen)
Plunhuete: schwarze Trachtenhüte
Potschela: Tollpatsch, Dummerchen
raumen, den raumt's (reflexiv): der geht pleite, in Bankrott, verliert den Hof
Resteln: Überbleibsel vom Essen, die für die nächste Mahlzeit verwertet werden
Riebel: Gericht aus Mais- und Weizengrieß, das in Milch zu einem Brei aufgekocht und dann mit Schmalz gebacken wird, wobei durch Stochern unregelmäßige Knöllchen entstehen, die auch gesüßt werden können.
Röckl: bei Frauen Rock, bei Männern Jacke, hier: Uniformjacke (Waffenrock)
Rußkuchl: durch den Holzherd ohne Außenabzug und Kamin verrußte Küche (oft auch Rauchkuchl)
Schaffel: Schaff, wannenförmiger, ovalrunder, auch runder wasserdichter Behälter, aus Holz oder verzinktem Blech, meist für die Wäsche, hier zum Aufbewahren von Knochen
schaffen: hier meist für bestimmen, kommandieren; du hast nichts zu schaffen (nichts zu melden)

Schindelkliaber: spezielles Hackmesser zum Spalten von Lärchenholz zu Schindeln
Schindeln: gespaltene, nicht geschnittene dünne Holzbretter, meist zum Dachdecken
Schlotter: Hängetasche zum Apfelpflücken, früher aus grobem Stoff (Jute), auch Klaubsack genannt
Schmarrn: Gericht aus demselben Teig wie Omeletten, der aber während des Kochens mit der Gabel zerkleinert, zerhackt wird
schmiergen (geläufiger schmirbm): schmieren, einreiben, eincremen
Schober: Zählmaß für die auf dem Feld aufgestellten Getreidebündel („Mandeln")
Schupfnudeln: dicke langgezogene nockenartige Nudeln aus Roggen- oder Weizenmehl, von Hand geformt
Schwarzplent / Schwarzplenten / schwarzplenten: Buchweizen, aus Buchweizen
Spanlen: feine Holzspäne zum Feuermachen
Spatzlen: Teiggericht, Spätzle
Specker / speckern: Murmeln, mit Murmeln spielen
Stadel / Stadl: Scheune, meist einfach gebautes Vorrats- und Wirtschaftsgebäude, vor allem für Heu, Stroh, Getreide (das meist auf dem Dachboden, dem „Heuboden" aufbewahrt wurde)
Stallsitzer: Pferd, das ausgedient hat, aber noch im Stall bleiben darf
Strebe: Einstreu für die Tierhaltung, meist zerkleinertes Laub-, Stiel- und Blattwerk aus Feld und Acker, das am Stallboden ausgebreitet wurde
tamisch: hier benommen/betäubt, sonst auch für stur
Teifl / Teixl: Teufel, Kraftausdruck, auch für Verwunderung und Staunen
ticken: hier für ärgern, sticheln
Tippel Geld: Groschen, Pfennig, kleinste Menge an Geld
Tirtlan: Pustertaler Spezialität, runde, tellergroße, fladenartig flache, knusprige Krapfen aus dünnem Teig (lediglich Weizen- und Roggenmehl, Wasser, Salz), original mit Spinat oder Topfen gefüllt, mittlerweile oft auch mit Kraut oder Käse oder auch süß mit Mohn und Nüssen
Topfen / Tschötte: Quark

Törggelen: Herbstliche kulinarisch-gesellschaftliche Tradition, Ausflug zu Berggasthaus oder Buschenschank mit gebratenen Kastanien, Bauernkost und dem neuen (oder auch alten) Wein
Trappel: Falle
tratzen: necken, ärgern
Tristen: Um eine in den Boden gerammte Tristenstange herum aufgeschichtetes Heu, das fest angetreten wird, sodass es bis in den Winter hinein im Freien gelagert werden kann
tscherget: schief, schräg, verwachsen
Tschippel: hier für „ein Haufen Kinder", sonst auch: Gras- oder Haarbüschel
Tschoggelen: Quasten
Tschötteblatteln: Sauerteigbrötchen mit Tschötte (Topfen, Quark)
Türken / Türk: Mais
Türkpecken: das Jäten und Freihacken des Bodens rund um die Maispflanzen
Umma: herum, „nichts mehr umma": nichts mehr da
Ummanand / ummadum: überall herum, unterwegs, bei anderen Leuten, im Dorf
Vormaß / vormaßen (auch Formas): spätes Frühstück nach der ersten Morgenarbeit
Waal: offener Bewässerungskanal
walsch: italienisch, welsch; die Walsch: Italien; die Walschen: die Italiener
Waschkuchl: Waschküche
Watten: traditionelles Kartenspiel
Weibetz: Weiber, Frauen
Weihbrunn: Weihwasser, Weihwasserbrunnen in der Kirche
Wixleimat: Bettunterlage, Matratzenschutz
zach, die Zachere: hart zäh; die Zähere
Ziggl, Zigglbrunnen: Ziehbrunnen

Schreibweise und Bedeutungen der in diesem Glossar erklärten Begriffe orientieren sich ausschließlich an den Interviews, die den einzelnen Porträts zugrunde liegen.

Inhalt

5	Vorwort von Johann Messner
6	Vorwort von Seppl Lamprecht
9	Das Klima war meist rau
	Randnotizen zu 100 Jahren Bauernleben
	von Astrid Kofler und Hans Karl Peterlini
15	Weinen für eine Milchsuppe
	Marianna Abraham, Glen/Montan
31	Die Mutter ist das, was alles zusammenhält
	Sepp Auer, Glaiten/Passeier
43	Der Vater hat nie etwas ändern wollen
	Josef Egger und Katharina Andergassen, Enderbach/Jenesien
57	Gemäht, bis ich die Arme nicht mehr spürte
	Anna Gasser, St. Lorenzen/Mauren
71	Die ganze Ernte in einer kleinen Schachtel
	Lino Gobbi, Arco
83	Man durfte auch keine Wünsche haben
	Alfred Kurz und Anna Jud, Eyrs
99	Die Frau und die Dirn haben herhalten müssen
	Midl Leider „Dox" Tötsch, Rain/Pfitsch
119	Die Facken sind mir ans Herz gewachsen wie Brüder
	Michael Malfertheiner und Hilda Schgaguler, Seis
135	Du machst die Dirn und er macht den Knecht
	Theresia Planer, Völser Aicha
153	Früher hat man anders miteinander geredet
	Alois Schwingshackel, Taisten
165	Die große Lärche gefällt, um das Spital zu zahlen
	Rudolf Valentin, S. Linêrt de Badia
179	Wir müssen nie mehr hungrig vom Tisch aufstehen
	Zeno und Stefanie „Fanny" Weithaler, Aschbach
193	Glossar